U0946232

吴文辉◎著

资本兵法

资本时代下资本运营必杀技

中国财富出版社

图书在版编目（CIP）数据

资本兵法／吴文辉著．—北京：中国财富出版社，2016.1

ISBN 978－7－5047－5948－1

Ⅰ．①资…　Ⅱ．①吴…　Ⅲ．①《孙子兵法》—应用—企业管理
Ⅳ．①F270

中国版本图书馆 CIP 数据核字（2015）第 288806 号

策划编辑 范虹轶　**责任编辑** 邢有涛　单元花
责任印制 方朋远　**责任校对** 梁　凡　**责任发行** 邢有涛

出版发行 中国财富出版社
社　　址 北京市丰台区南四环西路 188 号 5 区 20 楼　**邮政编码** 100070
电　　话 010－52227568（发行部）　010－52227588 转 307（总编室）
010－68589540（读者服务部）　010－52227588 转 305（质检部）
网　　址 http://www.cfpress.com.cn
经　　销 新华书店
印　　刷 北京京都六环印刷厂
书　　号 ISBN 978－7－5047－5948－1/F·2514
开　　本 710mm×1000mm　1/16　**版　　次** 2016 年 1 月第 1 版
印　　张 12.5　**印　　次** 2016 年 1 月第 1 次印刷
字　　数 179 千字　**定　　价** 39.00 元

前　言

《孙子兵法》对资本时代资本运营的启示

《孙子兵法》是我国古典军事名著，凝结了春秋末期大军事家孙武的智慧，揭示了行军作战的普遍规律，具有丰富的辩证思想，对现代企业资本运营同样具有非常深刻的指导意义。企业经营的最高境界是实现资本运营，学会运用《孙子兵法》的军事思想和策略原则，等于掌握了资本时代下资本运营的必杀技。

1. 资本运营，关乎企业生死存亡

《孙子兵法》首篇谈及“兵者，国之大事，死生之地，存亡之道，不可不察也”，意思是军事是国家的大事，关系到国家的生死存亡，不能不慎重周密地观察、分析、研究。企业的资本运营也不外乎如此，国内外公司“兼并、整合”现象，无一不说明商海之战的残酷、激烈。资本市场如同战场，每一次操作都是一场战役，每一场战役都是“大事”，企业唯有观察、分析、研究，以不变应万变，经过探索、实践，掌握其管理门道，才能实现资本运营的价值。

2. 制定战略，方可决胜资本运营

《孙子兵法》中说：“未战而庙算胜者，得算多也；未战而庙算不胜者，得算少也。多算胜，少算不胜。”意思是说，开战前就预计能够取胜，是因为筹划周密，胜利条件充分；开战之前就预计不能取胜，是因为筹划

不周，胜利条件不足。筹划周密，条件充分就能取胜；筹划不周，条件不足就会失败。孙子强调做事前准备充分，后期的工作就能顺利进行。企业制定周密详细的资本运营战略和发展战略，对资本运营“整场战争”具有决定性作用。正确理解企业的资本战略，明确自身的定位，预测发展的前景，制定适合企业内外部环境的发展战略，坚决执行资本战略和发展战略，方能从全局的角度配置资源，稳步取胜。

3. 水无常形，资本运营顺势制胜

《孙子兵法》有云：“兵无常势，水无常形；能因敌变化而取胜者，谓之神。”用兵作战的方式如水无常形，能够适时变化而取胜者，可谓用兵如神。这一思想可以用于资本运营的具体实操过程中。比如，对接资本市场，要注意“合于利而动，不合于利而止”，要求企业在资本市场上能敏锐地鉴别其利并准确地把握它；企业并购要做到“知己知彼，百战不殆”，要求企业了解自己及同行的生产经营动态，从而实现并购；企业重组要求“因敌变化而取胜”，审时度势、灵活机动地制订计划；控股参股要做到“致人而不致于人”，把握好控股参股主动权；公司转让则是“将能而君不御者胜”，要让经营者充分发挥出“将能”的自主权；公司租赁要讲究“智将务食于敌”，善用别人的资源即经营能力，实现“以战养战”即养自己的企业。《孙子兵法》中的“将有五危”“兵有六败”，则可用于警示资本运营误区，企业必须正确认识资本运营并正确操作，才能真正收到效果。

《孙子兵法》中说：“经之以五事，校之以计，而索其情：一曰道，二曰天，三曰地，四曰将，五曰法。”道指的是出师有名、民心所向，所以道在战争中占据重要位置。在资本市场中，道即题材、热点，是能否让企业民心所向的关键。天乃气候、环境对战役的影响。在资本市场中，天指的是宏观环境，即系统风险。地乃具体地形与地理环境，战略位置的布

局。在资本市场中，地指的是技术面，即买卖时机的选择。将乃主帅，战役布局的主体。在资本市场中，将指的是操盘者，这是关键因素。法乃部署队伍的制度、统帅将士的办法等，在资本市场中，法指的是指定的操作规则和操作程序，是决定是否按照前面的规则和程序进行操作的关键点。孙子还有一个重要的思想就是“立于不败，而后求战”，在资本市场中不要先想着如何去取胜，也就是不要想着如何去赢利，而是要想着如何保全自己，即要先保本，才能把握时机消灭敌人。总而言之，《孙子兵法》中的智慧是无穷的，能够给企业资本运营的启示是丰富多彩的。

《资本兵法》是《孙子兵法》在当今资本市场的运用，是企业资本运营的行动指南、实操宝典，不可不读。

作 者

2015 年 10 月

目录

《孙子兵法》中说："兵者，国之大事，死生之地，存亡之道，不可不察也。"意思是说，军事问题是国家的重要问题，它关系到国家的生死存亡，所以不可以对军事问题忽略。一个企业能否做资本运营，同样关乎企业的生死存亡，同样"不可不察"。资本的力量大到不可思议，大到可以成就一个企业，同样也可以颠覆一个企业。从战略高度来看，资本运营是企业发展的必由之路。从实战层面来讲，运用资本运营的扩张和收缩方式可以助推企业做大做强。资本市场如同战场，每一次操作都是一场战役，每一场战役都是"大事"，关系到"死生之地，存亡之道"，所以"不可不察"。

《孙子兵法》中说："未战而庙算胜者，得算多也；未战而庙算不胜者，得算少也。多算胜，少算不胜。"意思是说，开战前就预计能够取胜，

是因为筹划周密，胜利条件充分；开战之前就预计不能取胜，是因为筹划不周，胜利条件不足。筹划周密，条件充分就能取胜；筹划不周，条件不足就会失败。孙子的这个思想与司马迁在《史记》中说的“运筹策帷帐之中，决胜于千里之外”可谓异曲同工。司马迁的意思是在小小军帐内做出的正确部署，能决定千里之外战场上的胜负。“庙算”和“运筹帷幄”二者都强调做事前期准备充分，后期的工作就能顺利进行。现代企业也是如此，制定好比较周密详细的资本运营战略和发展战略，企业的“整场战争”就已经胜利一半了。

《孙子兵法》中说：“合于利而动，不合于利而止。”意思是说，对我有利就立即行动，对我无利就停止行动。强调要兼顾利与不利两个方面，有利则动、则争，无利则止、则弃，动与争是为趋利，止与弃是为避害。“趋利避害”是将帅运用“合于利而动”谋略时必须把握的基本原则。军事斗争与经济活动虽领域不同，但在谋略策划和运用上却大致相同。做企业不能不言利，企业的活动是围绕利益来展开的，赢利才能发展，为此，必须依据客观情况的利弊而决定动止。企业对接资本市场就是一种“合利”之举，要求企业在资本市场上能敏锐地鉴别其利并准确地把握它，这样企业才能融资发展，也有助于资本市场的健康发展。

《孙子兵法》中说："知己知彼，百战不殆；不知彼而知己，一胜一负；不知彼，不知己，每战必殆。"意思是说，在军事纷争中，既了解敌人，又了解自己，百战都不会有危险；不了解敌人而只了解自己，胜败的可能性各半；既不了解敌人，又不了解自己，那只有每战都有危险。企业产生并购行为的基本动机就是寻求企业发展。经营者只有了解同行的生产经营动态，了解自己的经营状况，才有实现并购的可能。商业竞争激烈，企业在并购活动中要对企业自身环境先知，对目标企业的情况进行详细、准确、全面、深入的了解，以进行周密严谨的分析，做出切合企业实际情况的战略和应对措施，以获得并购的顺利进行并最终成功。

《孙子兵法》中说："兵无常势，水无常形；能因敌变化而取胜者，谓之神。"意思是说，用兵作战没有固定的方式，就像水没有固定的形态一样；能根据敌情变化而取胜的，就叫作用兵如神。孙子认为，战场上形势瞬息万变，指挥员不能拘泥于某种作战的形式，要根据客观情况机动灵活地采取对策，才能夺取胜利。在企业重组实践中，用古人在兵法中的智慧来指导是非常明智的。在企业重组过程中，要熟悉重组方式，把握重组流程，遵循重组原则，规避税务风险，做好尽职调查，理解相关新政等，总之应审时度势、灵活机动地制订计划，不可死搬教条，墨守成规，这样才能完成真正意义上的重组，才能产生和增加重组的价值。

《孙子兵法》中说："善战者，致人而不致于人。"致人，调动敌人，掌握了主动权；致于人，被敌人调动，陷于被动地位。意思是说，善于打仗的人，能调动敌人而不被敌人调动。这句话强调在战场上要把握主动权调动敌人，而不能被敌人调动。在这里，孙子是就"劳逸"这一对关系而言的。"致人而不致于人"的内涵，不仅是用兵的最高法则，也是企业资本运营中控股、参股的上上之法。事实上，控股也好，参股也罢，企业还是企业，不仅要保持相对的独立性，也要争取相应的权益；而对于国有投资控股公司来说，更应该把握个中窍门，这有利于在我国国有经济发展中发挥出更大的作用。

《孙子兵法》中说："将能而君不御者胜。"意思是说，将帅具有指挥才能，而国君又不干预牵制，就可以取得胜利。在这里，孙子强调发挥为将者的主观能动性，将"不御"当作取得战争胜利的重要条件之一，反映出授权的重要性。在现代企业的资本运营实践中，授权思想同样具有很好的借鉴意义。转让是企业经营权的一种外包形式，可分解为按公允价值销售全部资产和进行投资两项经济业务，目的是换股权。转让后的经营者自主权就是发挥"将能"的体现，所以发包企业要做到"君不御"。假如凡事干预，转让就不会取得实质性效果。为此，转让过程需按程序规范化操作，同时转让涉及的税收、责任等问题需妥善处理。

《孙子兵法》中说："智将务食于敌。"意思是说，明智的将军一定要在敌国解决粮草。孙子为解决后方补给和战场需要的矛盾，提出了"就地取材、以战养战"的措施，强调利用战争中获取来的人力、物力和财力，

继续进行战争。由于后勤补给是在敌国就地解决，这样就极大地减轻了本国的财政开支和人民负担，使战争能够按照己方的意图，顺利地进行下去。孙子的这种“以战养战”的思想被广泛地运用到商界、政界和其他各行各业中。例如，现代企业的“食于敌”讲究善用别人的资源“以战养战”，公司租赁就是用实物租赁的方式换取别人的智力资源——经营能力，来养自己的企业。

《孙子兵法》中说“将有五危”，即“必死”“必生”“忿速”“廉洁”“爱民”5种危险，这是将帅的过错，也是用兵的灾害。其中还说“兵有六败”，即“走”“驰”“陷”“崩”“乱”“北”6种失败的原因，这是由将帅自身的过错导致的。“五危”“六败”是孙子针对军队中存在的弊端而言的，旨在警示为将者，力求避之。由于人们长期形成的经营思维和企业运作方式与规范化的资本运营还存在较大的差距，加上资本运营所需的制度环境和条件尚不充分，资本运营在企业实践中存在着诸多误区。因此，企业必须正确认识资本运营并正确操作，才能真正收到效果。

第一章　存亡之道，不可不察

——资本运营力量

《孙子兵法》中说：“兵者，国之大事，死生之地，存亡之道，不可不察也。”意思是说，军事问题是国家的重要问题，它关系到国家的生死存亡，所以不可以对军事问题忽略。一个企业能否做资本运营，同样关乎企业的生死存亡，同样“不可不察”。资本的力量大到不可思议，大到可以成就一个企业，同样也可以颠覆一个企业。从战略高度来看，资本运营是企业发展的必由之路。从实战层面来讲，运用资本运营的扩张和收缩方式可以助推企业做大做强。资本市场如同战场，每一次操作都是一场战役，每一场战役都是“大事”，关系到“死生之地，存亡之道”，所以“不可不察”。

资本运营内涵、作用和目标

1. 资本运营的内涵

资本运营，又称资本运作、资本经营，是指利用市场法则，通过资本本身的技巧性运作或资本的科学运动，实现价值增值、效益增长的一种经营方式。在世界范围内口碑相传的演绎中，资本运营已成为一种以小变大、以无生有的诀窍和手段。

资本运营是以资本最大限度增值为目的，对资本及其运动所进行的运筹和经营活动。它有两层意思：第一，资本运营是市场经济条件下社会配置资源的一种重要方式，它通过资本层次以上的资源流动来优化社会的资源配置结构。第二，从微观上讲，资本运营是利用市场法规，通过资本本身的技巧性运作，实现资本增值、效益增长的一种运营方式。

资本运营主要强调以下 3 点：

（1）资本运营包含了运筹、谋求和治理等含义，强调对资本的筹措和运用必须要有事先的运筹、规划和科学决策，又强调对资本要灵活使用、巧妙运用。

（2）资本运营既要从资本形态看，包括资产的合理及配置、重组和有效使用，又要从资本来源看，包括资本（自有资本和借入资本）的筹措和资本结构的调整等。

（3）资本运营强调资产的商品化和价值化管理，强调资本筹措、运用和分配的全过程。

2. 企业资本运营的作用

通过资本运营，可以加快国有企业的改革、加快优化经济结构、提高中国的国际竞争力。从企业经营方式的角度来看，资本运营有如下作用：

（1）可以优化企业的资本结构，具有放大财富的效应。

（2）可以带动企业迅速打开市场，拓展销售渠道。

（3）可以让企业获得先进生产技术和管理技术。

（4）推动企业经营思想的创新，可以发现新的商业机会。

（5）是一种开放式经营，可以给企业带来大量资金。

（6）使资源配置跨进更高境界，可以催生国际化企业。

（7）是以人为本的经营，可以最大化地发挥人力资源的作用。

资本运作的介入在企业发展过程中起到杠杆作用、发挥倍增效应。同样的资源能力，一旦采取资本运作等超乎常规的方式，就会发挥出其杠杆作用和倍增效应来，但是，一旦操作不当，其破坏作用亦是如此。

3. 资本运营的目标

资本运营的目标简言之就是实现资本最大限度地增值。为此，企业应当追求利润最大化、所有者权益最大化和企业价值最大化（见表1－1）。

表1－1　企业追求

目标	内容
利润最大化	企业将资本投入生产经营以后，一方面发生各种耗费，另一方面获得收入，将所得收入与耗费相比，如果收入大于耗费，企业实现利润；如果收入小于耗费，则企业发生亏损。企业有利润，意味着资本有了增值，企业亏损则意味着资本出现了损失。因此，企业为了使资本最大限度增值，就必须千方百计地增加收入，降低耗费，实现利润最大化。企业在资本运营中，不仅要注意努力增加当期利润，而且要重视长期利润的增长；不仅要注意利润额的增多，而且要重视利润率的提高，因为利润的绝对额不能反映利润与投入资本额的比例关系；不仅要考察自有资本利润率，而且要考察全部资本（包括自有资本和借入资本）利润率

续 表

目标	内容
所有者权益最大化	所有者权益是指投资者对企业净资产的所有权，包括实收资本、资本公积、盈余公积和未分配利润等。企业在一定时期实现的利润越多，从税后利润中提取盈余公积和向投资者分配的利润就越多，盈余公积可用于弥补企业亏损，也可用于转增资本，从而使投资者投入企业的资本增多。我们可以将企业期末所有者权益总额与期初所有者权益总额进行对比，如果二者相等，是为企业自有资本保值，如果前者大于后者，则为企业自有资本增值。但在比较时，应注意期末所有者权益总额中如果包含有本期非损益原因导致的资本减额，如投资者追加的投资、资本公积中溢缴资本、接受捐赠资产和资产评估增减值等，就应在计算资本保值增值时，减去（或加上）非损益原因导致的资本增减额。还可以将本期所有者权益增加额（期末数大于期初数）除以期初所有者权益额，即为本期所有者权益增加率
企业价值最大化	在市场经济条件下，不仅可以把企业生产的产品作为商品出售，而且还可把企业作为一个整体出售，因而需要对整个企业的价值进行评估，以便确定企业出售价格，因此，在企业资本运营中，不仅要注重企业利润最大化和企业所有者权益最大化，更要重视企业价值最大化。决定企业价值的基础是企业获利能力的大小。企业价值评估采用收益现值法，它是企业在连续经营情况下，将未来经营期间每年的预期收益，用适当的折现率折现，累加得出现值，据以估算企业价值。如果企业价值大于企业全部资产的账面价值，就说明企业的资本是增值了。也可以将企业价值减去企业负债，然后与企业所有者权益的账面价值比较，前者大于后者，说明企业的自有资本是增值了。对于上市的股份有限公司，其价值可根据发行在外的股票的股数乘以每股市价来计算。将用这种方法计算得出的公司价值与公司股东权益数进行比较，前者大于后者，说明公司的自有资本是增值了

上面所说的3个“最大化”是一致的。只有实现利润最大化，才能实现所有者权益最大化，进而才能实现企业价值最大化。比较起来，企业价值最大化具有全面性，因为企业价值是根据企业未来各期的预期收益和考虑了风险报酬率的折现率（资本成本）来计算的，既考虑了货币时间价值，又考虑了投资的风险价值。利润最大化和所有者权益最大化比较易于

衡量，而企业价值最大化衡量则比较复杂。

资本运营是企业发展的必由之路

从全世界范围内的资本运营来看，无论是在宏观经济环境层面还是在微观操作层面，没有一家健康发展、做强做大的企业不是在某个时候以某种方式通过资本运营发展起来的，也没有哪一家企业是单纯依靠企业自身利润积累发展起来的。下面，我们就从《孙子兵法》的“天、地、将、法”的视角一窥企业资本运营的必由之路。

1. 资本运营的世界趋势

《孙子兵法》中说：“天者，阴阳、寒暑、时制也。”意思是说，天指的就是昼夜、晴雨、寒冷、炎热、季节气候的变化时序和规律。天乃气候、环境对战役的影响。在资本运营过程中，“天”指的是宏观环境及其带来的机遇和挑战。事实上，世界上许许多多的资本运营成功者在宏观环境中抓住了机遇，取得了成就，显示出了资本的巨大力量。

1976 年，乔布斯在狭小的车库内进行创业的时候，他绝对不可能想象到，1300 美元创立的公司未来能成长为市值为 7000 亿美元的“苹果帝国”。1999 年，马云和他的 18 位“罗汉”凑齐 50 万元人民币在他家里创业的时候，也不可能想到，他们的公司时隔 16 年会成长为中国乃至世界的“巨无霸”公司，当初每个人的原始投资翻了 21.6 万倍，1 万元成为 21.6 亿元。2015 年，企业成立 20 年后，李河君，这位从事新能源开发的汉能集团董事局主席，以 2000 亿元人民币的个人财富超过马云。而这一财富的主要来源，是香港上市公司“汉能薄膜”的收益。号称“世界头号强国”的美国，曾经也是世界工厂、制造强国。但从 20 世纪开始，美国实体产业空心化趋势已经开始显现，现已彻底走向了资本立国的道路，整个美国经济收入的40%靠资本的流动增值获取。其他譬如迪拜、英属维京群岛、开曼群岛，走的都是借资本输入输出壮大发展的道路。他们取得的成就让世界上其他的国家和地区艳羡不已。这中间发挥重要作用的就是资本的力量。这种力量大到不可思议。

现在的中国，已经是一个开放的、融入全球化的国度，资本以它强大的力量呼啸而来。对现代企业而言，资本已像空气一样不可或缺，充斥于企业成长发展的每一个角落。每一个企业都应该摸清它的内在规律，并且大胆使用它，使其真正成为推动企业超常规发展的核动力、“重武器”。

2. 资本运营的国内环境

《孙子兵法》中说：“地者，远近、险易、广狭、死生也。”意思是说，地指的就是高陵洼地、路途远近、险隘平坦、进退方便等条件。地乃具体地形与地理环境、战略位置的布局。中国市场的“地”指的是中国的货币体量、中国的多层次资本市场、中国的政府支持资本运作。这是中国企业通过资本运营求得发展的良好的环境“土壤”，也就是“地”，因此，企业要根据国情、企情进行操作。

资本运营在中国完全有了用武之地，因为现在的中国已经远远不是20年前的中国了。近10年中国的广义货币供应量（M2）增长了6倍，2013年已经超过100万亿元，中国人民银行已成为全球最大的“印钞机”。这么庞大的货币体量流通于市面上，自然不会满足于甘当传统的物质交换工具，而是要通过钱生钱的方式寻求增值，这是由资本自身天生的逐利本质决定的。

中国的资本市场也日趋成熟，再也不是蹒跚学步的小孩了。经过25年发展，资本市场在中国已经走过了从无到有、从小到大的发展历程。时至今日，中国的股市、债市、金市，主板、中小板、创业板、新三板、N板，现货市场和期货市场，国内市场和国外市场组成了一个立体的多元资本市场体系，银行、保险公司、证券公司、信托公司、基金、财务公司各种主体涉足资本的海洋，各显神通。企业只要敢想，总能找到想要的资本工具。

中国政府也大力重视企业的资本运作。央企之间的并购重组大力推进，中国南车、中国北车强力合并，中国电力投资集团公司与国家核电巨头重组，一个个巨无霸级企业的诞生，让整个世界都瞠目结舌。

由此可见，从宏观到微观，从过去到未来，资本运营在中国已经生根发芽，中国企业做资本运营具备丰厚的土壤。

3. 资本运作模式的运用与创新

《孙子兵法》中说："将者，智、信、仁、勇、严也；法者，曲制、官道、主用也。"意思是说，将领要具有智慧、诚信、仁爱、勇猛、严明等素质；法乃部署队伍的制度、统帅将士的办法、管理军事物资的计划和保障等。将乃主帅，战役布局的主体，将帅的心态与策略直接影响到整场战役的成败。在资本市场中，"将"指的是操盘者，操盘者的心态与技巧是关键因素，没有一定的"道行"无法对道、天、地准确把控。在资本市场中，"法"指的是指定的操作规则和操作程序，是决定是否按照前面的规则和程序进行操作的关键点。由此看来，"将"与"法"是基础，要通过不断地学习和不断地实战，不断地修行，扩大操作者的知识，丰富其经验和提高其心态，并制定一套严格的程序才能进行操作。

资本是好东西，但同时也是"双刃剑"，驾驭资本利器需要能力，需要眼光，需要艺术。企业要想通过资本运营获得发展，应该对资本运营的各种手段、方式、方法既要大胆尝试，又要谨慎从事，总的来说应该做到以下几点（见表1－2）。

表 1-2　企业应该掌握的资本运营关键点

关键点	内容
眼光要远	首先要看清楚趋势，看清方向，目前最热的项目不一定是我们要介入的，看项目不是看现在，关键是看未来，看成长性，看发展潜力。其次眼界要宽，不要盯着近处，盯着身边一个小地方，要放眼省外、国内甚至全球去扫描潜在项目。心有多大，舞台就有多大
落棋要快	搞资本运作，机遇一闪而过，看好的项目决策周期不能太长，出手要快，否则会错失良机。资本的盛宴中，没有天上掉下来的白食，机会需要主动去争取，需要我们主动去寻觅合适的题材、合适的猎物。守株待兔已经成为过去时
手段要多	拿下好项目，是非常复杂的事情，要多方资源的协调。要善于借力，借助专业机构的力量办成大事。看好的项目，要动用合法框架内的一切手段促成。资本运作过程，一定要注意合规、合法。要长袖善舞，综合运用股、债、基等各种资本运作手段，处理好蛋与鸡之间的辩证关系，最终形成鸡生蛋、蛋又生鸡、鸡又生蛋、鸡鸡蛋蛋无穷无尽焉的良性循环
机制要活	搞资本运作，要不拘泥于形式，不陷入思维的框框，因地制宜，因企治宜，多措并举，多种方式并用，最终实现资本价值最大化。一方面，要有办法迅速锁定意向，赢得目标客户，争取时间；另一方面，对于项目运作要有灵活的奖惩制度，调动相关人员的积极性
组织得力	资本运作是“一把手”工程，一定要有专业团队，要有强有力的组织保障

总之，《孙子兵法》中的“天、地、将、法”对资本运营来说，既有宏观环境层面的机遇和挑战，又有微观技术层面的操作策略和操作方法，显示出全球范围内资本运营发展大趋势和企业资本运作模式运用与创新的必然。离开实体经营，企业是无轮之车；离开资本运营，企业也是无源之水。由此不难看出，资本运营是企业发展的必由之路。

资本扩张的主要方式及成功案例

《孙子兵法》中说：“不战而屈人之兵，善之善者也。”意思是说，如果能不打仗就让敌人屈服，这才是最好的。孙子的这种高级战争谋略，旨在采用政治、外交等手段，扩张本身的势力，并削弱敌人实力，使敌人不得不屈服于我，达到兵不血刃的目的。在资本运作过程中，资本扩张就是一种既能扩张本身势力又能保全自己的资本战略。

“资本扩张”是相对于“资本收缩”而言的。企业资本扩张经营的方式是多种多样的。目前我国企业资本扩张中采用的基本方式有横向型资本扩张、纵向型资本扩张和混合型资本扩张（见图1－1）。下面我们结合企业通过不同的资本扩张方式做强做大的具体案例予以阐释。

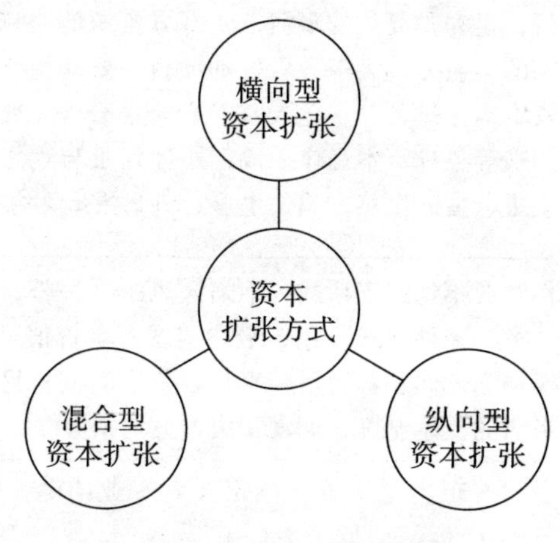

图1－1　资本扩张的基本方式

1. 横向型资本扩张及其成功案例

横向型资本扩张是指交易双方属于同一产业或部门，产品相同或相似，为了实现规模经营而进行的产权交易。横向型资本扩张不仅减少了竞争者的数量，增强了企业的市场支配能力，而且改善了行业的结构，解决了市场有限性与行业整体生产能力不断扩大的矛盾。青岛啤酒集团（以下简称“青啤”）的扩张就是横向型资本扩张的典型例子。

近年来，青啤抓住国内啤酒行业竞争加剧，一批地方啤酒生产企业效益下滑，地方政府积极帮助企业寻找“大树”求生的有利时机，按照集团公司的总体战略和规划布局，以开发潜在和区域市场为目标，实施了以兼并收购为主要方式的低成本扩张。几年来，青啤依靠自身的品牌资本优势，先后斥资6.6亿元，收购资产12.3亿元，兼并收购了省内外14家啤酒企业，不仅扩大了市场规模，提高了市场占有率。壮大了青啤的实力，而且带动了一批国企脱困。2003年，青啤产销量达260万吨，跻身世界啤酒十强，利税总额也上升到全国行业首位，初步实现了做强做大的目标。

2. 纵向型资本扩张及其成功案例

处于生产经营不同阶段的企业或者不同行业的部门之间，有直接投入产出关系的企业之间的交易称为纵向资本扩张。纵向资本扩张将关键性的投入产出关系纳入自身控制范围，通过对原料和销售渠道及对用户的控制来提高企业对市场的控制力。

格林柯尔集团是全球第三大无氟制冷剂供应商，处于制冷行业的上游。收购下游的冰箱企业，既有利于发挥其制冷技术优势，同时也能直接面对更广大的消费群体。从2002年开始，格林柯尔先后收购了包括科龙、美菱等冰箱巨头在内的5家企业及生产线。通过这一系列的并购活动。格林柯尔已拥有900万台的冰箱产能，居世界第二、亚洲第一，具备了打造国际制冷家电航母的基础。格林柯尔集团纵向产业链的构筑，大大提高了其自身的竞争能力和抗风险能力。

3. 混合型资本扩张及其成功案例

混合资本扩张是两个或两个以上相互之间没有直接投入产出关系和技

术经济联系的企业之间进行的产权交易。它适应了现代企业集团多元化经营战略的要求，跨越了技术经济联系密切的部门之间的交易。它的优点在于分散风险，提高企业的经营环境适应能力。

拥有105亿元资产的美的集团一直是中国白色家电业的巨头。2003年8月和10月，美的先后收购了云南客车和湖南三湘客车，正式进入汽车业。之后不久，又收购了安徽天润集团，进军化工行业。此后，美的以家电制造为基础平台，以美的既有的资源优势为依托，以内部重组和外部并购为手段，通过对现有产业的调整和新产业的扩张，实现多产业经营发展的格局，使美的最终发展成为多产品、跨行业、拥有不同领域核心竞争能力和资源优势的大型国际性综合制造企业。

企业资本扩张经营的方式是多种多样的。企业资本扩张经营的根本目的是实现股东价值的最大化，并且使现有管理者的收益更大。这既是现代经营管理目标所决定的，也是现代企业代理理论所决定的。

资本收缩的主要方式及成功案例

《孙子兵法》的基本观点认为，必须谨慎使用战争作为政治工具，尽可能避免战争。比如主张“非危不战”，即不到危急关头不要开战，因为战争带来不幸，交战带来危险，因此必须让自己远离灾难和伤害。在资本运作过程中，资本收缩就是一种规避风险、让自己远离灾难和伤害的资本战略。

“资本收缩”是相对于“资本扩张”而言的。资本收缩是企业在经营中调整资源配置，为规避风险、提高竞争力而采取的一种经营方式。资本收缩的方式主要有资产剥离、股权出售、分拆上市、股份回购、企业清算等（见图1-2）。下面结合企业采取资本收缩方式的具体案例予以阐释。

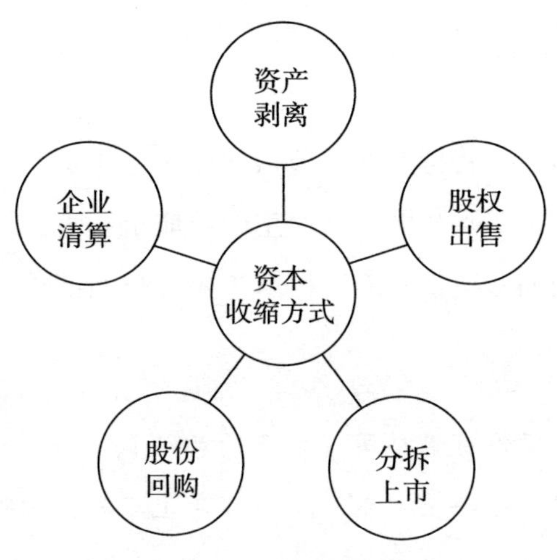

图 1－2 资本收缩的方式

1. 资产剥离及其成功案例

资产剥离是指把企业所属的一部分不适合企业发展战略目标的资产出售给第三方，这些资产可以是固定资产、流动资产，也可以是整个子公司或分公司。资产剥离主要适用于以下几种情况：不良资产的存在恶化了公司财务状况；某些资产明显干扰了其他业务组合的运行；行业竞争激烈，公司急需收缩产业战线。

中国人寿在上市之前，就进行了大量的资产剥离。2003 年 8 月，原中国人寿保险公司一分为三：中国人寿保险（集团）公司、中国人寿保险股份有限公司和中国人寿资产管理公司。超过 6000 万张的 1999 年以前的旧保单全部被拨归给母公司——中国人寿保险（集团）公司，而 2000 万张左右 1999 年以后签订的保单，则以注资的形式被纳入新成立的股份公司。通过资产剥离，母公司——中国人寿保险（集团）公司承担了 1700 多亿元的利差损失，但这为中国人寿保险股份有限公司于 2003 年 12 月在美国和中国香港两地同时上市铺平了道路。

2. 股权出售及其成功案例

股权出售是指公司将持有的子公司的股份出售给其他投资者。股权出售的动机与资产剥离基本相同，所产生的效应也相近。资产剥离出售的是公司的资产或部门而非股份，而股权出售的是公司所持有的子公司的全部或部分股份。

国旅联合股份有限公司（以下简称“国旅联合”）是一家投资和经营休闲度假产业的上市公司。2015 年上半年，国旅联合营收同比下降8.31%，经营利润为负1463 万元，较2014 年同期的负2857 万元的亏损幅度有所收窄，扣非后归属母公司股东净利润负2568 万元，较2014 年同期增长7.99%。公司将南京颐尚天元商务管理有限公司19%的股权出售给南京东飞百货贸易有限公司，获得投资收益8265 万元，成功实现扭亏为盈，后续公司将继续处置非主营性资产，确保2015 年业绩保持赢利。

3. 分拆上市及其成功案例

分拆上市是指一个母公司通过将其在子公司中所拥有的股份，按比例分配给现有母公司的股东，从而在法律上和组织上将子公司的经营从母公司的经营中分离出去。分拆上市有广义和狭义之分，广义的分拆包括已上市公司或者未上市公司将部分业务从母公司独立出来单独上市；狭义的分拆指的是已上市公司将其部分业务或者某个子公司独立出来，另行公开招股上市。分拆上市后，原母公司的股东虽然在持股比例和绝对持股数量上没有任何变化，但是可以按照持股比例享有被投资企业的净利润分成。而且最为重要的是，子公司分拆上市成功后，母公司将获得超额的投资收益。

2000 年，联想集团实施了有史以来最大规模的战略调整，对其核心业务进行拆分，分别成立新的“联想集团”和“神州数码”。2001 年 6 月 1 日，神州数码股票在香港上市。神州数码从联想中分拆出来具有一箭双雕的作用。分拆不但解决了事业部层次上的激励机制问题，而且由于神州数码独立上市，联想集团、神州数码的股权结构大大改变，公司层次上的激励机制也得到了进一步的解决。

4. 股份回购及其成功案例

股份回购是指股份有限公司通过一定途径购买本公司发行在外的股份，适时、合理地进行股本收缩的内部资产重组行为。通过股份回购，股份有限公司达到缩小股本规模或改变资本结构的目的。股份公司进行股份回购，一般基于以下原因：一是保持公司的控制权；二是提高股票市价，改善公司形象；三是提高股票内在价值；四是保证公司高级管理人员认股制度的实施；五是改善公司资本结构。股份回购与股份扩张一样，都是股份公司在公司发展的不同阶段和不同环境下采取的经营战略。因此，股份回购取决于股份公司对自身经营环境的判断。一般来说，一个处于成熟或衰退期的、已超过一定的规模经营要求的公司，可以选择股份回购的方式收缩经营战线或转移投资重点，开辟新的利润增长点。

1999 年，申能股份有限公司以协议回购方式向国有法人股股东申能（集团）有限公司回购并注销股份 10 亿股国有法人股，占总股本的 37.98%，共计动用资金 25.1 亿元。国有法人股股东控股比例由原来的 80.25% 下降到 68.16%，公司的法人治理结构和决策机制得到进一步完善。回购完成后，公司的业绩由 1998 年的每股收益 0.306 元提高到 1999 年的每股收益 0.508 元，而到 2000 年，每股收益达到了 0.933 元。这为申能股份的长远发展奠定了良好的基础，并进一步提升了其在上市公司中的绩优股地位。

5. 企业清算及其成功案例

企业清算是指企业按章程规定解散以及由于破产或其他原因宣布终止经营后，对企业的财产、债权、债务进行全面清查，并进行收取债权、清偿债务和分配剩余财产的经济活动。

北京鼓风机厂成立于1980年11月，隶属于北京京城机电控股有限责任公司，为全民所有制企业。由于北京鼓风机厂经营管理不善，设备老化，工艺落后，缺乏“拳头产品”，造成已有市场份额不断减少，生产量严重不足。另外，企业退休职工较多、企业费用负担沉重等多方面原因，导致企业连年亏损，扭亏无望，于2001年7月9日向北京市第二中级人民法院（以下简称“二中院”）申请破产还债。二中院受理该案后，经审理，认为北京鼓风机厂已不能清偿到期债务，符合法律规定的破产条件，于2001年9月29日开庭，裁定宣告北京鼓风机厂破产。北京鼓风机厂宣告破产后，二中院决定成立北京鼓风机厂破产清算组（以下简称“清算组”）。清算组在二中院的指导下开展清算工作，并委托北京产权交易所对北京鼓风机厂破产清算工作进行组织、协调。最后，理清了企业债权债务，公开变现了破产财产，妥善安置了破产企业职工。

无论是国有企业还是非国有企业，上市公司还是非上市公司，都应该在全球企业收缩性战略的背景下，对混合企业进行剥离或分离或分拆，适当地收缩战线，降低混合多元化的程度，“回归根本”，强化核心业务，培养和提升企业核心能力，不断把企业做大、做强。因此，收缩性资本运营是我国多元化经营的企业回归主业的必然选择。

第二章　运筹帷幄，决胜千里

——资本运营战略

《孙子兵法》中说："未战而庙算胜者，得算多也；未战而庙算不胜者，得算少也。多算胜，少算不胜。"意思是说，开战前就预计能够取胜，是因为筹划周密，胜利条件充分；开战之前就预计不能取胜，是因为筹划不周，胜利条件不足。筹划周密，条件充分就能取胜；筹划不周，条件不足就会失败。孙子的这个思想与司马迁在《史记》中说的"运筹策帷帐之中，决胜于千里之外"可谓异曲同工。司马迁的意思是在小小军帐内做出的正确部署，能决定千里之外战场上的胜负。"庙算"和"运筹帷幄"二者都强调做事前期准备充分，后期的工作就能顺利进行。现代企业也是如此，制定好比较周密详细的资本运营战略和发展战略，企业的"整场战争"就已经胜利一半了。

如何正确理解企业的资本运营战略

后危机时代，企业面临着庞杂的、不熟悉的、变化频繁的、难以预料的环境，会遭遇许多严峻的挑战。此时，企业仅靠推断型的管理，再也无法保证自己的生存和发展了，必须对新的环境进行深入分析，做出新的响应，在某种意义上说，企业进入了战略制胜时代。为了适应这个时代，获得持续发展并做强做大，企业将投入生产经营活动中的资本与其他生产要素相结合，优化配置，进行有效运营，以实现理想的赢利和价值增值。企业的这种长远性的谋划与方略，就是资本运营战略。

正所谓“万变不离其宗”，要正确理解战略制胜时代企业的资本运营战略，就必须正确理解资本运营战略的要素、内容、特点及其制定这些基本内容的内涵。

1. 企业资本运营战略的要素

企业资本运营战略通常包括以下几个要素（见表2-1）。

表2-1　企业资本运营战略的要素

要素	内容
战略宗旨	是企业规划资本运营活动的指导思想和基本方针，是企业整个战略体系的灵魂和核心，它贯穿于企业资本运营的全过程
战略目标	是企业按照宗旨确定方向，根据对资本运营主观、客观条件所做的分析，结合企业总体战略的要求，确定企业在战略期内的总要求和总水平。它是企业在一定时期内从事资本运营活动的总任务

续 表

要素	内容
战略重点	主要是指企业在从事资本运营活动中，对资本运营效益影响最大的、决定资本运营战略目标能否顺利实现的那些项目，它指明了资金、劳动力和技术投入的方向。资本运营战略重点的确定必须在科学、合理地分析主观、客观条件的基础上有比较、有针对性地加以选择，特别要注重详细分析资本运营的战略目标和寻找资本运营回报率高的项目及业务等这两方面的工作

2. 企业资本运营战略的内容

企业资本运营战略的内容涉及以下 3 个方面（见表 2－2）。

表 2－2　企业资本运营战略的内容

战略	内容
总体战略	又称公司战略，是企业最高层的战略。它根据企业的目标，选择可以从事的经营领域，合理配置企业经营所需的资源，协调各项经营业务
运营战略	是指企业的每个战略经营单位所制定和实施的战略。在大型企业中，常常把具有共同战略因素的若干子公司组成战略经营单位，每个战略经营单位都有自己固定、独立的产品和市场。运营战略是在企业总体战略的制约下，指导和管理具体经营单位的计划和行动的战略
职能战略	又称职能部门战略，是企业研究开发生产行业、市场营销、财务和人事管理等主要职能部门的短期战略计划

3. 企业资本运营战略的特点

企业资本运营战略是一种长远性的谋划与方略，它具有以下 3 个特点（见表 2－3）。

表 2－3　　企业资本运营战略的特点

特点	内容
综合性	资本运营战略是企业内部成长战略和外部成长战略相结合的战略。企业内部成长战略主要是依靠企业自己的技术、资金力量，并结合外部资源，在企业内部进行发展的战略；企业外部成长战略是通过联合、并购、参股、租赁等多种经营形式实现企业的外部性成长的战略
开放性	资本运营战略是开放性战略。该战略的实施不仅要考虑内部资源，还要将外部资源纳入企业经营范围。传统的战略模式强调对现有业务进行计划和管理，要求战略管理者把更多的精力投入到企业内部，而资本运营战略将视野扩展到企业外部，通过兼并、收购等途径，实现资源的扩张
资源整合性	资本运营战略是资源整合性战略。资本运营通过兼并、收购、租赁等方法，在企业可支配的资源扩大的基础上，进行资源的整合，使被兼并、收购、租赁的企业的资源与自己企业的资源形成互补和协同效应，从而带来企业整体价值的巨大增长

4. 企业资本运营战略的制定

资本运营战略是实施资本运营战略管理的基础和首要环节，也是企业从事资本运营活动的先决条件。

企业制定资本运营战略，需要做好以下 3 个方面的工作（见表 2－4）。

表 2－4　　企业制定资本运营战略需要做好的工作

工作	内容
研究战略时机	制定资本运营战略，必须选择合适的时机，只有在适当的时机推出的战略，才能真正起到全局性、总体性的指导作用，发挥资本运营战略应有的功能。反之，如果时机不成熟，企业就匆忙推出新的战略，必然要遭到失败
分析战略态势	资本运营战略态势是指在企业资本运营战略中，企业的内部条件与外部环境相互对比所形成的一种趋势架构。它说明了企业在对待环境变化过程中所应采取行动的姿态

续 表

工作	内容
预测战略前景	在制定资本运营战略时，企业必须事先预测战略执行的前景。通过对战略执行前景的预测，企业可以更加合理地规划战略执行预算，提高资本使用的效果，避免太大的资本损失和浪费。资本运营战略前景预测的重点是战略执行的结果、战略执行过程中可能遇到的意外情况、战略执行的费用等

企业制定资本运营战略的过程，大致可分为以下几个阶段（见表2－5）。

表2－5　企业制定资本运营战略的阶段

阶段	内容
分析企业的战略条件	战略条件的分析包括企业外部环境的分析和企业内部条件的分析。外部环境分析主要包括国家总体经济状况分析，国家经济政策尤其是货币金融政策、投资政策、产业政策的分析，以及行业分析。内部条件分析主要是分析企业资源的优势与劣势，以认清企业自身的实力
确定战略目标	资本运营战略的目标是实现资本收益的最大化。围绕这个目标，确定企业的产业目标、产品目标、技术目标和市场目标等
制定战略方案	根据战略目标的要求，拟订多个方案，在整体优化的基础上，选择能够保证实现战略目标的方案
实施、修正战略	将战略方案具体化，建立实现战略的组织结构，确保实现战略所必需的活动能有效地进行。同时还要根据外部环境的变化，对企业战略进行修正，以保证战略的正确性

总之，在战略制胜时代的市场经济体系中，资本经营战略作为现代企业的总体发展战略所必需的两个重要支点（另一个重要支点是生产经营战略）之一，绝非可有可无，必须从资本运营战略的要素、内容、特点及其制定这几个维度来正确理解，而且要求必须做好，因为没有资本运营战略的企业不是现代企业。

制定适合企业内外部环境的发展战略

制定公司发展战略，要着眼于未来，立足于现在。在发展战略的制定过程中，要遵循一条清晰的逻辑路线，首先是公司内外部战略环境的梳理与分析，其次是战略定位导向，最后是制定公司发展战略的步骤。此外，还应该注重企业发展战略的不断创新，以获得永续发展。

1. 环境分析与战略定位

梳理与分析公司内外部战略环境和战略定位，是制定适合企业内外部环境发展战略的首要环节。

在制定公司发展战略的过程中，首先要对内外部环境进行深刻、准确的剖析。只有深入、细致地对战略环境进行了调研和分析，才能准确把握市场需求，认清公司自身的优势和劣势。内外部环境分析直接关系到公司投资方向、投资规模、研发投入、营销策略和公共关系等一系列决策。从更广阔的视角来看，任何一个大商机的出现，都是社会大势的反映，只有洞悉并准确判断了这种社会大势，才能充分利用这种商机。同时，公司要基于各自特定的环境，来制定自己的发展战略。

外部环境分析的重点是识别和评价超出公司控制能力的外部发展趋势与事件。成功的战略必须将主要的资源用于利用最有决定性的机会。通过外部环境分析，企业可以很好地明确自身面临的机会与威胁，从而决定企业能够选择做什么。对外部环境的未来变化做出正确的预见，是战略能够获得成功的前提。

外部环境分析的内容和方法主要包括以下几点：

（1）对市场和发展趋势做出全面客观的调查和数据化分析；

（2）对企业所处的各个行业进行扫描，重点在行业动态、产品、客户和现有的竞争对手；

（3）对行业内外优秀企业进行标杆分析和关键成功要素分析；

（4）利用竞争分析模型对市场和竞争状况做全面客观的量化分析；

（5）对市场竞争态势进行分析，掌握未来行业发展的趋势；

（6）调查消费者需求变化和客户采购决策依据；

（7）分析竞争对手的竞争手段和竞争地位；

（8）研究同类企业的最佳实践；

（9）综合分析判断企业所处环境的机会和威胁。

内部战略环境是企业内部与战略有重要关联的因素，是企业经营的基础，是制定战略的出发点、依据和条件，是竞争取胜的根本。企业内部环境或条件分析的目的在于掌握企业历史和现状，明确企业所具有的优势和劣势。它有助于企业制定有针对性的战略，有效地利用自身资源，发挥企业的优势；同时避免企业的劣势，或采取积极的态度改进企业的劣势。

企业内部环境是指企业内部的物质、文化环境的总和，包括企业资源、企业能力、企业文化等因素，也称企业内部条件。因此，企业内部环境分析的内容包括很多方面，如组织结构、企业文化、资源条件、价值链、核心能力分析、SWOT（态势分析法）等。

战略定位导向是企业进行战略定位和决策的指导思想。指导思想的正确与否直接影响和决定企业战略定位和决策的正确性，也影响战略的执行效果和绩效目标实现。正确的战略定位导向能指导企业制定并实施正确的战略决策，获取和保持经营优势，实现企业的战略目标；而错误的战略定位导向则很可能导致企业制定和实施错误的或者是片面的战略决策，执行绩效与战略目标相差甚远，严重的还会影响企业的生存。

对于公司长短期发展前景与目标定位等方面的考虑。这里的关键不在于该使命目标是否一定能够达到，而在于要让公司权利要求者等对此达成共识，愿意积极投入。比如，国内某公司的创业者提出公司要在30年内进入世界五百强，而其员工私下议论时却认为这是吹牛，这种缺乏上下共识的使命目标表述显然无助于公司战略的推进。还有的公司在短短的5年时间内从资产3000元发展到3000万元，因而提出在未来的5年时间内再从3000万元发展到3000亿元。这一提法，除了需考虑市场容量支撑外，实际上还涉及对公司自身实力能否简单无限同步增长的判断。

2. 公司发展战略的制定步骤

科学制定公司发展战略，是战略能够实施的有效保障，因此要遵循一定的步骤来进行（见表2－6）。

表2－6　　公司发展战略的制定步骤

步骤	方法
制定战略方案	在制定战略过程中，当然是可供选择的方案越多越好。企业可以从对企业整体目标的保障、对中下层管理人员积极性的发挥以及企业各部门战略方案的协调等多个角度考虑，选择自上而下、自下而上或上下结合的方法来制定战略方案
优化战略选择	企业所处的市场及外部环境永远处于不断变化之中，预测、了解这些变化并把握其本质是企业领先于竞争对手的前提。首先是把握市场需求的变化，要了解商场中各种竞争力的变化，清楚自己与竞争对手在什么地方竞争，在哪些方面竞争，自己的优势和与对手差距在哪里。其次要把眼界充分放开，从区域市场到全球市场，从行业背景到整个经济发展战略的大背景。最后以未来为先导，把企业的战略建立在对未来的预测和把握上
评估备选方案	评估备选方案通常使用两个标准：一是考虑选择的战略是否发挥了企业的优势，克服了企业的劣势，是否利用了机会，将威胁削弱到最低程度；二是考虑选择的战略能否被企业利益相关者所接受。需要指出的是，实际上并不存在最佳的选择标准，管理层和利益相关团体的价值观和期望在很大程度上影响着战略的选择。此外，对战略的评估最终还要落实到战略收益、风险和可行性分析的财务指标上

续 表

步骤	方法
选择发展战略	即最终的战略决策，确定准备实施的战略。一般来说有如下方法：一是根据企业目标选择战略。企业目标是企业使命的具体体现，因而，选择对实现企业目标最有利的战略方案；二是提交上级管理部门审批。对于中下层机构的战略方案，提交上级管理部门能够使最终选择方案更加符合企业整体战略目标

3. 企业发展战略的创新

像技术、管理、营销等需要不断创新一样，企业发展战略也需要不断创新。企业发展战略创新就是研究、制定新的企业发展战略。企业发展战略应该保持相对稳定，但保持相对稳定并不意味着一成不变。

首先，企业发展战略创新是为了应对外部环境和内部条件的重大变化。任何企业发展战略都是针对一定的外部环境与内部条件制定的。当外部环境或内部条件发生重大变化时，毫无疑问就应该与时俱进，调整或重新制定发展战略。我们所处的时代是变化速度空前加快的时代，中国加入世贸组织（WTO）又使中国企业融入了变化多端的国际市场，这就使企业发展战略创新显得格外重要。在经营过程中，企业内部条件发生原来意想不到的重大变化也是常有的事，如果发生了这种变化也要调整或更新原有的发展战略。

其次，企业发展战略创新也是为了提高战略水平。企业各项工作都要有水平，发展战略更要有水平。企业发展战略水平决定企业各项工作水平。智慧有大小，战略有高低。企业发展战略存在着水平差异，甚至是相当大的水平差异。

最后，企业发展战略创新是为了获得更好的企业发展战略。企业发展战略创新取决于企业领导观念转变。企业普遍需要发展战略创新，有的需要重新定位，有的需要重新整合资源，有的需要重新制定战略措施。但是，由于企业领导或多或少地存在旧观念，企业发展战略创新往往提不到议事日程。要想获得更好的企业发展战略，领导者应该首先向自己的旧观念挑战。企业发展战略创新也源于企业领导的动力、魄力和毅力。从某种意义上讲，企业发展战略创新是企业再造工程，是一项具有很大风险、困难和阻力的系统工程。企业领导如果没有强烈的事业心、责任感，没有排除各种困难和阻力的魄力，没有坚忍不拔的毅力，就很难下定这种决心。

总之，企业发展战略的本质特征是发展性，是着眼于企业发展。制定适合企业内外部环境的发展战略是一项系统工作，要求公司高层领导从烦琐的事务性工作中解脱出来，集中精力于那些对公司生存与发展具有重要性的任务上，并致力于战略创新，为企业发展输入新的动力。

资本战略的执行决定资本战略的成败

美国《财富》杂志曾经刊登了一篇影响颇为深远的文章——《总裁失败的原因》。文中指出，大约70%的总裁失败的原因是“公司战略执行不到位”。对于企业来讲，制定正确的战略固然重要，但更重要的是战略的执行。资本战略的执行也是如此。能否将既定的资本战略执行到位是实施资本战略成败的关键。在这方面，腾讯是一个值得学习的“样本”。下面就以腾讯为例，来探讨一下他们的超强资本运作能力和战略执行力。

1. 企鹅帝国版图的擎天柱

腾讯之所以能够长袖善舞，源自于足够的现金流，作为市值最高的中国互联网企业，腾讯的收入来源主要来自网游和增值服务，网络广告和电商的收入占比很低，而且电商、视频等业务是亏损的，企鹅帝国版图的擎天柱是增值服务和网游。

增值服务作为基于QQ（在线交流工具）号码的社交、IM（即时通讯)、社交游戏等产生出的“Free + Pro”（免费 + 专业）模式是腾讯社交网络帝国的核心基石，网游是基于腾讯用户社交关系和账号体系的现金牛业务，目前腾讯游戏已经是中国网游领域最大的联运平台。“社交 + 网游”构建了腾讯以生活娱乐为核心的一站式网络平台。在移动端，“微信 + 手机 QQ”也在复制 PC（个人电脑）端的基本成功模式，并进行了移动社交场景的微信式创新。

腾讯最宝贵的资产都在这两个领域，而且目前领先优势非常明显。在社交网络领域，只有新浪微博和人人网等少数几个对手；在网游平台方面，360、网易、37 游戏等都无法与腾讯的规模相提并论。所以，腾讯核心收入的两大擎天柱补给生态布局内的其他领域，如果这两个领域不被撼动，就不可能撼动腾讯的帝国版图。

2. 大投资和大结盟的背后逻辑

用现有“搜搜 + 现金”的模式入股搜狗、京东，用“微信入口 + 现金”的模式入股大众点评，用“微信入口 + 腾讯视频 + 现金”的模式入股优酷，这样的大手笔在腾讯什么都想做的过去是不可想象的事情，过去大家都在想怎么防守腾讯，而现在腾讯却用投资方式进行了大结盟，腾讯这么“凶猛”，背后的投资逻辑有什么特别之处？

搜搜在新闻搜索、图片搜索、地图搜索、问答等方面做得不错，但是搜狗在输入法和网页搜索方面做得更好，两者合并构建出一个完整和良好体验的搜索生态圈，让搜狗能够在与百度、360 的竞争中更加有底气。目前，新搜狗逐步整合搜搜产品，新闻搜索已经完全整合，现在的看点在于王小川如何将新搜狗份额提高到 20% 以上。

入股京东，对于腾讯同样是大手笔，腾讯舍弃了很多，不出意外，腾讯会利用优先购买权逐步获取京东更多的股权，因为腾讯搭上了发展势头良好的易讯。在腾讯入股后，京东不久就上市了，成为阿里巴巴最主要的竞争对手，而腾讯不需要直接和阿里巴巴太多正面交锋了。

投资大众点评意味着戴志康负责的微生活部分的失败，腾讯选择了时间窗，选择了大众点评，大众点评可以在生活电商和团购两个领域帮助腾讯对抗阿里系。大众点评常年积累的线下资源也会为腾讯抵挡阿里巴巴O2O（将线下商机与互联网结合）战略的重要武器，大众点评和微信站在一条战线上。

优酷掐掉了和百度的合作，“百度视频+爱奇艺”都在抢食优酷的市场，此时，如果腾讯能入股优酷，那么，优酷可以在微信中直接嵌入视频，优酷也能够快速补齐移动端的安装量不足，同时，腾讯旗下的新搜狗可以为优酷输出更多视频搜索流量。值得关注的是腾讯视频与优酷的融合程度，毕竟腾讯门户也为视频贡献大量流量和展现，融合后优酷会不会将腾讯视频真空化也是一个值得关注的点。

3. 腾讯大力培育和期待的项目

广告业务是腾讯重点培育的业务，包括门户广告、搜索广告、社交广告，现在搜索广告已经给了搜狗，腾讯广告能够长成网游那样的巨量收入线取决于广点通的表现。广点通是腾讯移动和PC端一起推动的跨屏投放系统，广点通能否成功，决定腾讯能否将PC和移动流量有效转化成收入，而互联网广告领域目前的老大是搜索巨头百度。

广点通有足够好的社交数据支撑，但是腾讯社交场景的娱乐化和休闲化，决定了广点通偏重于最终客户群还是游戏领域，成为网游平台的信号放大器，而如何让广点通在内容广告、视频广告、原生广告等更多领域占据足够地位是腾讯很大的难题。

能否让广点通成为全网的广告投放和代理平台是决定腾讯这款核心产品能否成为互联网广告领域的前两名的重要基础，也是决定腾讯社交网络广告能否和百度搜索广告相抗衡的关键因素。广点通还需要更多的投放平台，而不仅仅局限在腾讯网络内部，网盟是必要的。

腾讯的案例有力说明，资本战略制定之后才是更为关键的阶段，因为人们普遍存在“知易行难”问题。一个良好的资本战略仅是成功的前提，有效的战略实施才是战略目标顺利实现的保证。正如彼得·德鲁克所言：“管理是一种实践，其本质不在于‘知’而在于‘行’；其验证不在于逻辑，而在于成果；其唯一权威就是成就。”

企业资本运作的基本规则

资本运作要遵循先易后难的原则，从熟悉的业务入手，对于不是擅长的领域首先需要进行研究，风险与止损是首要考虑问题。为此，资本运作需要遵循如下基本规则。

1. 实现资本运作与核心能力的有机结合

资本运作是在企业内部形成的以资本效率和效益为核心的，实现资本有效增值的一种运作方法。资本运作必须以企业核心能力为基础，只有二者结合起来，才能实现企业规模扩大和效益提高的同步运行。

2. 实现企业经济实力与品牌优势的有机结合

品牌是一个企业成功进行生产经营的重要标志。品牌作为一种无形资产，在资本运营中，既可作为一种资本入股，从而减少企业有形资本的流出，又可通过冠名权支持一个企业的持续发展。

3. 实现低成本扩张和资本收益的有机结合

企业在资本运作过程中，应该计算、分析投入和产出的比例，最大限度地降低单位产品的劳动生产率，寻求效益的最大化。

4. 实现企业内部完善管理与外部规模经济的有机结合

企业要搞好资本运作，必须按照《公司法》的要求，明确决策、执行、监督三者间各自独立、权责明确、互相制约的关系。

总之，资本运作是一项伟大事业，但前路多险阻，早点了解，多点认识资本运作的规则，对防范风险大有益处。

第三章　合于利而动，不合于利而止

——资本市场对接

《孙子兵法》中说："合于利而动，不合于利而止。"意思是说，对我有利就立即行动，对我无利就停止行动。强调要兼顾利与不利两个方面，有利则动、则争，无利则止、则弃，动与争是为趋利，止与弃是为避害。"趋利避害"是将帅运用"合于利而动"谋略时必须把握的基本原则。军事斗争与经济活动虽领域不同，但在谋略策划和运用上却大致相同。做企业不能不言利，企业的活动是围绕利益来展开的，赢利才能发展，为此，必须依据客观情况的利弊而决定动止。企业对接资本市场就是一种"合利"之举，要求企业在资本市场上能敏锐地鉴别其利并准确地把握它，这样企业才能融资发展，也有助于资本市场的健康发展。

资本运营必须对接资本市场

资本运营是利用市场法则，通过资本本身的技巧性运作或资本的科学运动，实现价值增值、效益增长的一种经营方式。简言之就是利用资本市场，以小变大、以无生有的诀窍和手段，通过买卖企业和资产而赚钱的经营活动。企业尤其是中小企业要做资本运营，必须充分利用资本市场的功能，积极对接资本市场。

1. 资本市场的功能

资本市场是现代金融市场的重要组成部分，其本来意义是指长期资金的融通关系所形成的市场。但市场经济发展到今天，资本市场的意义已经远远超出了其原始内涵，而成为社会资源配置和各种经济交易的多层次的市场体系。在高度发达的市场经济条件下，资本市场的功能可以按照其发展逻辑而界定为资金融通、资源配置和产权中介 3 个方面（见表 3 – 1）。

表 3 – 1　资本市场的功能

功能	内容
资金融通	本来意义上的资本市场即是纯粹资金融通意义上的市场，它与货币市场相对称，是长期资金融通关系的总和。因此，资金融通是资本市场的本源职能
资源配置	资源配置是指资本市场通过对资金流向的引导而对资源发挥导向性作用。资本市场由于存在强大的评价、选择和监督机制，而投资主体作为理性经济人，始终具有明确的逐利动机，从而促使资金流向高效益部门，表现出资源优化配置的功能

续 表

功能	内容
产权中介	资本市场的产权功能是指其对市场主体的产权约束和充当产权交易中介方面所发挥的功能。产权功能是资本市场的派生功能，它通过对企业经营机制的改造、为企业提供资金融通、传递产权交易信息和提供产权中介服务而在企业产权重组的过程中发挥着重要的作用

上述3个方面共同构成资本市场完整的功能体系。如果缺少一个环节，资本市场就是不完整的，甚至是扭曲的。资本市场的功能不是人为赋予的，而是资本市场本身的属性之一。从理论上认清资本市场的功能，对于企业正确对待资本市场发展中的问题、有效利用资本市场具有重要的理论与实践意义。

2. 中小企业如何对接资本市场

资本市场不仅在融资上，而且在管理上会对企业经营绩效的提升提供很多机会，但关键还在于怎样利用。就中小企业而言，对接资本市场，以下5点需要引起重视。

（1）中小企业要认真研究国家相关的经济政策和经济形势，为自己对接不同的金融产品和不同的金融市场做准备。

（2）企业的战略定位必须清晰。实际上，中小企业融资难既有国家宏观层面上的原因，也有中小企业自身的原因。主要是中小企业处于产业结构的末端，利润空间非常小，而且抗风险能力非常弱。

（3）投资者需要对中小企业银行的信用有绝对的信任，银行又需要对被投资者有足够的信心。中小企业的信用问题如果解决了，融资难的问题可以从根本上去解决。

（4）利用国家的产业政策、金融信贷政策，抓住时机进行企业的结构调整和转型。通过一些创新，包括商务结构、制度创新以及经营模式的创新来实现利润的最大化。

（5）从政府层面，要加强后续配套政策和措施的执行。更重要的是，完善多层次资本市场体系，用多层次资本市场体系对接多层次企业融资。

随着我国多层次资本市场的建立，资本市场的功能更加完善和多样化，为企业对接资本市场提供了广阔的资本运营平台。

中国多层次资本市场现状

在资本市场上，不同的投资者与融资者都有不同的规模与主体特征，存在着对资本市场金融服务的不同需求。投资者与融资者对投融资金融服务的多样化需求决定了资本市场应该是一个多层次的市场体系。

1. 场内市场体系与场外市场体系

我国现已形成了场内市场体系与场外市场体系。场内市场体系包括主板市场、中小企业板和创业板市场。其中主板市场针对较为成熟的大型企业提供股权融资的全国性市场，上市标准最为严格。场外市场体系包括新三板、区域性股权市场与券商柜台市场，主要针对创新型中小企业特征，在发行审核与上市制度方面相对主板市场会有所调整，既体现市场化的原则，也尊重市场主体的作用，从而拓宽资本市场对创新型中小企业支持的广度和深度。

我国的多层次资本市场“金字塔”格局已初步形成（见图3－1）。

图3－1显示，主板市场、中小企业板和创业板市场作为全国性股权交易市场，处于多层次资本市场的上端；场外市场中的新三板主要服务于高新技术园区的高科技公司群体；区域性股权交易市场主要服务于除三板挂牌公司以外的其他非上市股份有限公司；券商柜台交易市场将以单个券商

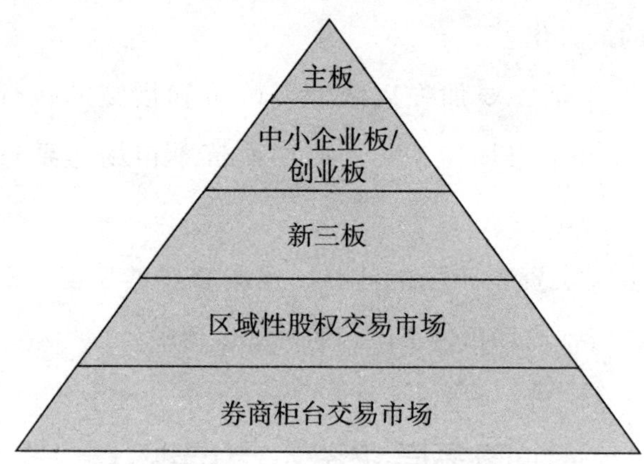

图3－1　资本市场“金字塔”

为起点，尝试场外交易和业务，逐步扩展至券商间联网或联盟，亦可与区域性市场相互融合或协作。

2. 区域股权交易中心正在迅速发展

区域性股权交易市场作为多层次资本市场的重要组成部分，对于促进企业特别是中小微企业股权交易和融资、鼓励科技创新和激活民间资本、加强对实体经济薄弱环节的支持等具有不可替代的作用。近年来，区域股权交易市场迅猛发展并呈现以下特点（见表3－2）。

表3－2　　区域股权交易市场的特点

特点	内容
数量众多	早在2013年年底，区域股权中心就已经遍地开花（含筹备），有31家。除海南、宁夏少数省份和自治区外，各地均已相继成立了区域性股权交易市场，其中广东省拥有前海股权交易中心、广州股权交易中心和金融高新区股权交易中心3家区域性股权交易市场
差异化定位	差异化定位特点凸显，如跨区市场、国际化市场等。成都（川藏）股权交易中心是第一家跨省共建区域性股权市场，福建海峡股权交易中心、厦门两岸股权交易中心和广西北部湾股权托管交易所等区域性股权市场则利用各自的区位优势进行了国际化探索

续 表

特点	内容
融资方式灵活	除定向增发外，股权质押、私募债、集合债、小贷公司定向债等融资方式灵活创新。一方面，几乎所有的区域性股权市场都同时提供股权融资和债权融资，其中股权融资除定向增发外，股权质押融资成为最主要的手段。私募债则是区域性股权市场另一类常见的融资方式，包括天津、重庆和前海等区域性股权市场均已有私募债产品备案发行，其中也不乏各类具有创新意义的私募债产品。此外，部分区域性股权市场还在积极探索其他金融产品创新，如优先股融资（浙江）、理财和信托产品交易（齐鲁）、私募基金（重庆、上海）、并购重组和衍生品（上海、前海）等
集中于小微企业	2013 年年底，区域市场挂牌企业就已经达 7000 家，且行业集中、规模小微。从区域覆盖来看，天津股权交易所和上海股权托管交易中心分别覆盖了 29 个和 16 个省市；从行业覆盖来看，工业、信息技术、消费、材料和医疗保健是挂牌企业最多的 5 个行业；从挂牌企业规模来看，资产规模多以 1000 万元 ~1 亿元的小微企业为主
券商与交易所参与	证券公司和证券交易所积极参股。在业已成立的区域性股权市场中，有证券公司和交易所出资的分别达到 15 家和 13 家，具备交易所和证券公司共同出资背景的则有 10 家，其中深交所参股了 9 家区域性股权市场，中信证券和国信证券都参股了 3 家股权市场
引入做市商制度	区域股权交易市场设置的挂牌门槛比较低，使得市场公司质量的差异性较大，其证券的流动性也必然会面临很大的差别。做市商制度一方面在发行债券时担任承销商，有效提高了发行市场效率。另一方面企业挂牌后，作为做市商有效提高了转让市场的流动性，解决了流动性不足的问题

以区域性股权交易市场为起点和平台，开拓多方面的融资渠道，逐步完善微小企业的各个层面，无论是从法人管理，还是财务规划，伴随着企业的发展与壮大，都为将来正式进入“塔尖”的场内市场体系或走到国外的资本市场，打好了坚实的根基。

3. 多层次资本市场对企业资本运营的作用

多层次资本市场对企业资本运营的作用，主要体现在以下 3 方面（见

表3－3）。

表3－3　多层次资本市场对企业资本运营的作用

作用	内容
满足资本市场上资金供求双方多层次化的需求	从资金供给方来说，由于风险偏好的不同，投资者也是具有不同层次的。风险偏好者愿意投资于高风险、高回报的股票。风险规避者则可能买国债。从资金需求方来说，处于不同发展阶段的、不同规模企业对股权融资的需求也不尽相同。大规模、稳健的成熟性的公司，由于其经营历史较长，可能吸引大批投资者来购买它的股票。但是对于一些消费型的公司，通过主板市场进行融资是不现实的，需要进行三板市场的融资
优化准入机制和退出机制，以提高公司质量	从非证券资本市场到证券资本市场，从场外市场到主板市场，企业素质呈阶梯式上市，将会有优秀企业脱颖而出，从而进入上一级交易市场。对于长期经营不善，已不符合某些挂牌的企业，通过退出机制退入下一级市场交易，形成了优胜劣汰的机制。这样既能保证挂牌公司质量与其所在市场的层次相对应，又能促进上市公司努力改善经营管理的水平，提高上市公司的质量
防范和化解系统性金融风险	从国外经验看，以间接融资为主体的金融体系，一旦经济实体发生严重问题，就会导致大量的银行坏账。金融体系的脆弱性往往将经济拖入长期不振的境地。多层次的资本市场，通过改善上市质量，满足多元化的投资需求，吸引资金进入资本市场，扩大直接投资的额度，从而降低金融风险。而随着多层次资本市场体系规模的扩大，直接融资比重的提高会逐步形成风险程度存在明显差异的子市场，风险承担主体呈现多元化，有利于实现金融市场的稳定，分散和化解金融风险

对接资本市场，企业如何上市

企业上市是对接资本市场、进行投融资的重要途径。同时，除融资之外还有重要的理由，比如，能够提前收回几十年的创业成本，分散和规避风险；可以低成本地实现快速扩张；是制约竞争对手的一个法宝。

此外，对各地的政府来讲，企业上市对于促进当地经济发展有非常明显的作用。

1. 企业如何才能上市

企业上市，简单来说就是要遵守上市地的上市规则。全世界的证券交易所的上市规则有所区别，但它们的基本原则和理念是完全一致的。它们共同要求上市公司要及时、充分、完整、真实披露上市公司可能影响股价的信息，以便投资者能够根据这些披露的信息做出正确的投资决策，同时以便他们能够对自己的投资决策做到风险自担、收益自享。

（1）要做到“财务上市”。企业一定要把财务和会计的基础工作做好，把内部控制做好，财务报表的各项数字指标要符合上市要求，且审计机构要能够出具无保留意见的审计报告。审计人员进入公司现场进行尽职调查，第一要看企业的税务凭证、完税证明；第二要看企业的银行对账单；第三要看企业的各种票据，包括出货和进货的单据是否完整。现在还增加了一项，要看工商管理部门对企业的每年年检。对外贸企业而言，还要看企业在海关的出口记录。一些企业在没有准备好财务账目的情况下，就匆忙让审计人员进场开始审计，企图侥幸通过审计，连造假都懒得造，这是比较幼稚的，甚至可以说无异于掩耳盗铃。

（2）要做到“法律上市”。拟上市企业的主体资格和企业的董事、监事、高级管理人员等的行为要完全符合法律要求。其中境内上市最需要关注的事项，包括发行人的股权结构、历史沿革、独立性、公司治理，以及各专项法律事务包括土地、税收、环境保护、员工劳动与社会保障等，特别是要解决好关联交易和同业竞争问题，这些都要符合法律法规的要求。企业在申请上市前，由于历史的原因，也由于经济转轨的原因，存在各种不规范的问题是一种普遍的情况。关键是企业要下决心、下功夫解决好，千万不要留下瑕疵，更不能带“病”上市，为上市审批造成障碍，为上市以后埋下隐患。

（3）要做到“经营管理上市”。企业要有很好的管理团队和各类人才；管理团队要具备很好的经营管理能力和经验；企业要有很好的发展战略和规划；企业要有核心竞争力和综合实力；企业上市要有吸引投资人的“亮点”和“题材”；人力资源管理要有很好的激励和约束机制；部门管理要有很科学的管理制度和岗位设计。“经营管理上市”，可以概括为一句话：打造一支团队，为了一个目标，建好一个企业，创造一个奇迹。

（4）要做到“文化和观念上市”。“企业的观念”“企业的文化”“企业的心理”也要能够上市，而且要首先实现上市。概括地讲，企业要有以下思想准备（见表3－4）。

表3－4　企业上市的思想准备

思想准备	内容
上市雄心	要有打造境内外一流企业的雄心壮志
上市决心	下定决心就不动摇，不达目的，誓不罢休，绝不中途轻易变卦
上市诚心	有“精诚所至，金石为开”的态度，不欺骗中介服务机构和政府管理部门，不白用他们的劳动付出和免费享受优惠政策
上市信心	把自信建立于对自己企业的理性判断基础上，敢于“过五关，斩六将”，不惧怕上市途中遇到的各种困难
上市虚心	尊重和认真听取各位上市专家的意见，不自以为是，刚愎自用
上市戒心	对各类中介服务机构和各位专业人士的意见，不盲目轻信、随波逐流，而是要在综合各类意见的基础上，做出科学判断
上市耐心	愿意在上市的道路上，一步一步地规范企业，哪怕是付出极大的精力和时间，也不急躁冒进，急功近利
上市恒心	把成功上市作为万里长征的第一步，愿意在上市以后继续付出努力，为全体投资者负责，创造更好的经营业绩，为投资者得来更多的回报

2. 如何看待企业境外上市

企业选择境外上市是最聪明的做法。它的聪明主要表现在“多、快、好、省”（见表3-5）。

表3-5　　境外上市的特点

特点	内容
多	上市能够多筹资金。因为境外上市按国际会计准则，许多按国内准则不能确认的收入和利润，按国际会计准则可确认，通常比境内上市的收入和利润会高
快	上市批准快。因为境外上市采取注册制，不需要像国内上市需要发行审核委员会投票表决，不需要“走关系”，有律师意见和国际审计报告和投资银行推荐，就能批准
好	上市效果好。许多企业利润不多，在境内上市根本没有可能，却在境外成功上市，以后变成了一家好企业
省	上市成本低。正常情况下，境外上市花的钱还不到国内上市的一半，维护成本也很低。所谓境外上市成本高，维护费用高的说法，那是不准确的。有一个基本的情况是，企业境外上市，它的市值比它的净资产价值放大了几十倍，甚至上百倍，老板怎么会计较花的一点上市费用呢

中国政府一贯支持和鼓励企业利用境内、境外两个市场、两种资源，来促进自身的改革发展，不断地提高竞争力。2010年8月，国务院在《关于进一步做好利用外资的若干意见》中，进一步重申了这一项政策，指出要利用好境外的资本市场，继续支持企业根据国家发展战略和自己实际情况，利用境内、境外两个市场、两种资源，不断地提高竞争力。所以，企业家在自主地选择境内上市的同时，也可以根据自己的情况，选择在境外上市。

一般来讲，有这样6类企业特别适合于选择在境外资本市场上市（见表3-6）。

表3-6　适合在境外上市的6类企业

企业类别	特点
在境内上市遇到障碍的、上不了市的企业	比如，企业的经营历史不够三年，企业的资产规模、企业经营业绩还达不到境内上市的要求，等等
在境内上市排队等不及的企业	因为在境内上市，一般来说，每年都会保持四五百家企业在排队等待批准上市。如果企业迫切需要融资，无法排队等待，也可以选择在境外上市
市场和产品就在境外的企业	这些企业需要在境外开辟市场，扩大客户资源，进一步树立自己的品牌，也可以到境外上市
落实国家“走出去”战略的企业	这类企业要到境外去开发资源，整合资源，包括收购企业、收购矿产资源等自然资源、建立研发机构等，在境外发展，也可以在境外上市
先境外上市、后境内上市的企业	这些企业采取的策略和战略是，先在境外上市融资以后，等待自己进一步发展壮大了，再回到境内来上市。特别是今后中国境内推出国际板市场后，这些企业回归上市，就有了便捷的通道
股票发行规模比较大，或发行盘子比较大，需要在两地甚至三地、四地进行上市的企业	比如，一些大型工商企业和金融企业，它们可以选择在中国大陆、中国香港、美国、欧洲等多地同时上市或二次上市

境内、境外上市的路子都是通的，主要是看企业更适合于在哪里上市。凡是在境外上市拿了钱回来的企业在中国境内得到了好的发展，对中国经济发展起到好的作用，做出了突出贡献，而不单纯是为了个人发财和家族利益的企业家都是成功者。

拟挂牌新三板企业的公司治理

公司在成长过程中，特别是从非公众公司走向公众公司，需要经历一系列的“基因改造”流程，公司规范治理是其中最重要的环节。下面对《全国中小企业股份转让系统业务规则（试行）》中关于公司治理的规定予以解析，并提出提高新三板挂牌企业公司治理能力的建议。

1. 公司治理机制健全，合法规范经营

《全国中小企业股份转让系统业务规则（试行）》规定的新三板挂牌企业条件有 5 项，其中的第三项规定是：“公司治理机制健全，合法规范经营。”

（1）“公司治理机制健全”是指公司按规定建立股东大会、董事会、监事会和高级管理层（以下简称“三会一层”）组成的公司治理架构，制定相应的公司治理制度，并能证明有效运行，保护股东权益。

一是公司依法建立“三会一层”，并按照《公司法》《非上市公众公司监督管理办法》及《非上市公众公司监管指引第 3 号——章程必备条款》等规定建立公司治理制度。

二是公司“三会一层”应按照公司治理制度进行规范运作。在报告期内的有限公司阶段应遵守《公司法》的相关规定。

三是公司董事会应对报告期内公司治理机制执行情况进行讨论、评估。

（2）“合法合规经营”是指公司及其控股股东、实际控制人、董事、监事、高级管理人员须依法开展经营活动，经营行为合法、合规，不存在重大违法、违规行为。

一是公司的重大违法、违规行为是指公司最近 24 个月内因违犯国家法

律、行政法规、规章的行为，受到刑事处罚或适用重大违法、违规情形的行政处罚。行政处罚是指经济管理部门对涉及公司经营活动的违法、违规行为给予的行政处罚。凡被行政处罚的实施机关给予没收违法所得、没收非法财物以上行政处罚的行为，属于重大违法、违规情形，但处罚机关依法认定不属于的除外；被行政处罚的实施机关给予罚款的行为，除主办券商和律师能依法合理说明或处罚机关认定该行为不属于重大违法、违规行为的外，都视为重大违法违规情形。

二是控股股东、实际控制人合法合规，最近24个月内不存在涉及以下情形的重大违法、违规行为：控股股东、实际控制人受刑事处罚；受到与公司规范经营相关的行政处罚，且情节严重（情节严重的界定参照前述规定）；涉嫌犯罪被司法机关立案侦查，尚未有明确结论意见。

三是现任董事、监事和高级管理人员应具备和遵守《公司法》规定的任职资格和义务，不应存在最近24个月内受到中国证监会行政处罚或者被采取证券市场禁入措施的情形。

四是公司报告期内不应存在股东包括控股股东、实际控制人及其关联方占用公司资金、资产或其他资源的情形。如应在申请挂牌前予以归还或规范。

五是公司应设有独立财务部门进行独立的财务会计核算，相关会计政策能如实反映企业财务状况、经营成果和现金流量。

2. 提高新三板挂牌企业公司治理能力的建议

现实中，许多企业都在公司治理层面存在或多或少的问题，在挂牌后可能没有得到实质性的解决，进而影响到企业未来的可持续发展，甚至可能危及新三板市场的秩序，为新三板市场的规范和发展埋下了风险点。鉴于这种情况，提出以下建议（见表3－7），仅供相关方参考。

表 3－7　　提高新三板挂牌企业公司治理能力的建议

建议	意义
针对公司治理开展定期评级的可行性	对于企业信用开展“评级”，是已经被广泛接受的一种做法。如果通过每三年或更长的定期时间，对于新三板挂牌企业的公司治理水平进行评级，不仅可以为新三板挂牌企业的股权价值提供有意义的参考，而且对于提升整个市场的层次也能起到实质性作用
致力于改变观念，加强宣传	提升中小企业在挂牌新三板前后的公司治理水平，应当是一个长期的、顺势而为的过程。可以通过企业协会、行业协会等定期开展与公司治理有关的培训讲座的方式，让更多的企业家有机会深入了解公司治理的概念，转变单纯“人治”的观念，而不是挂牌前的“基因突变”。通过各种渠道的宣传，能够提升中小企业公司治理的整体水平，这项工程是值得长期培育的
通过主办券商持续督导，使公司治理良性发展	企业在挂牌新三板后，主办券商需要对挂牌企业进行“持续督导”。在督导的过程中逐步改善和提高挂牌企业的公司治理水平，这种方式更容易被企业接受，也更容易起到由内而外的实际效果。作为持续督导的主办券商，是具备专业指导的实力和能力的，如果在观念上与企业达成一致，给予足够重视，相信能够形成在公司治理上的良性氛围，更好地提升企业的公司治理水平
发挥专业中介机构作用，提供服务和专业意见	公司治理需要律师事务所、会计师事务所等专业中介机构的咨询和参与。从目前挂牌新三板的特点来看，企业往往是在挂牌前“极度重视”中介机构，而在挂牌后往往“容易忘却”中介机构。从专业角度来看，成功挂牌新三板其实只是一个起点，如何在挂牌后实现可持续发展、进而提升股权价值，是每一家挂牌企业应当持续关注的问题。公司治理的提升，能够为企业的持续发展提供内核动力，而要实现这一点，企业需要专业中介机构的参与和长期服务

总之，在培育市场的过程中，通过提升企业公司治理水平，能够提升整个市场的层次，进而降低市场运行的风险。新三板挂牌前后的“公司治理”，值得各方关注。

第四章　知己知彼，百战不殆

——企业并购实务

《孙子兵法》中说："知己知彼，百战不殆；不知彼而知己，一胜一负；不知彼，不知己，每战必殆。"意思是说，在军事纷争中，既了解敌人，又了解自己，百战都不会有危险；不了解敌人而只了解自己，胜败的可能性各半；既不了解敌人，又不了解自己，那只有每战都有危险。企业产生并购行为的基本动机就是寻求企业发展。经营者只有了解同行的生产经营动态，了解自己的经营状况，才有实现并购的可能。商业竞争激烈，企业在并购活动中要对企业自身环境先知，对目标企业的情况进行详细、准确、全面、深入的了解，以进行周密严谨的分析，做出切合企业实际情况的战略和应对措施，以获得并购的顺利进行并最终成功。

企业并购及类型

企业并购重组是搞活企业、盘活国企资产的重要途径。下面，不妨通过维维收购重组贵州醇的案例，来分享一下企业并购的重要意义。这是一个典型的通过并购重组，改善经营效率，提升企业价值的案例。

维维股份2012年5月31日公告称，公司5月30日召开的第五届董事会第九次会议通过了与兴义市政府、贵州醇酒厂、贵州兴义阳光资产经营管理有限公司（以下简称“兴义阳光”）等签署投资协议的议案。据签署的投资协议，兴义市政府、贵州省黔西南州政府将贵州醇酒厂酒业资产划转至国资所有的兴义阳光后，兴义阳光以酒业资产项下的约地块作为出资资产，该部分资产根据国有资产评估结果作价1.33亿元，兴义阳光以此占比19%，与维维股份、红石泰富合资成立新贵州醇酒厂。由此，维维股份将现金出资3.57亿元控股新贵州醇酒厂51%股份，红石泰富将出资2.1亿元持股30%。

维维并购重组贵州醇的价值主要在以下几方面得以反映：一是价值发现。发现低绩效目标公司。寻找低利润和低资本回报率的企业。因为经营不善，贵州醇公司以较低的价格被出售；贵州醇是曾经的名酒，公司有名酒生产的自然禀赋和技术功底，酒类业务的品牌效应和高毛利率，可使贵州醇有较大的价值提升空间；因为较高的并购后的公司价值增值预期和较低的并购成本，所以维维并购重组贵州醇有较大的价值。二是资产重组。提高资产效率。对贵州醇酒厂进行重组，新设立的新贵州醇公司获得土地、房屋、机器设备、存货、半成品、原材料等资产，专利、商标、域名等知识产权；非核心资产不进入新贵州醇公司，主业与副业分离，降低收购成本，提高资本回报率。三是价值提升。改善并购目标企业的经营绩效。首先，平台协同效应价值。维维已拥有双沟、枝江、川王酒三个酒业生产品牌，加上“维维茗酒坊”酒业连锁渠道，已有较好的酒业平台，贵州醇的加入，使维维酒业平台更强大，借助于维维的品牌、渠道以及资本优势，贵州醇可获得较大的协同效应。其次，管理提升带来的价值。维维有国际化视野、良好的管理理念和公司治理能力，为改造贵州醇酒厂这一老国企提供经验和智力支持，贵州醇通过管理提升，提高公司决策和运营管理能力。最后，员工激励效应价值。解除国企身份后的新贵州醇酒厂，可依照市场规则引入人才、管理员工，打通员工进出企业的渠道，激发员工活力。

从上面的几个因素分析来看，维维收购重组贵州醇是一个“四赢”的结果。一是当地政府赢。政府为了解决贵州醇员工国企身份问题花费了7亿多元，但政府通过兴义阳光拥有新贵州醇19%的股份，且新贵州醇发展提速后将给地方政府带来巨额的税收，政府所花费的7亿多元是值得的。二是贵州醇酒厂赢。贵州醇酒厂得到维维这一优质的“婆家”，企业发展将得到飞跃。三是贵州醇酒厂的员工赢。尽管员工的国企身份得以解除，甚至部分员工需要解除劳动合同，但得到了补偿，比起薪酬福利得不到保障、发展彷徨的状态，员工重新焕发出生机。四是维维公司赢。维维公司以较低的成本获得了“青山青，绿水流，好山好水出好酒”的制酒基地。

1. 企业并购概念

企业并购，指的是两家或更多的独立企业、公司合并组成一家企业，通常由一家占优势的公司吸收一家或更多的公司。并购的实质是在企业控制权运动过程中，各权利主体依据企业产权做出的制度安排而进行的一种权利让渡行为。

企业并购有广义和狭义之分。狭义的并购是指一个企业通过产权交易获得其他企业的产权，使这些企业的法人资格丧失，并获得企业经营管理控制权的经济行为。这相当于吸收合并。广义的并购是指一个企业通过产权交易获得其他企业产权，并企图获得其控制权，但是这些企业的法人资格并不一定丧失。广义的并购包括狭义的兼并、收购。《关于企业兼并的暂行办法》《国有资产评估管理办法施行细则》和《企业兼并有关财务问题的暂行规定》都采用了广义上并购的概念。

2. 企业并购类型

企业并购可以从行业角度划分，也可以按企业并购的付款方式划分，还可以从并购企业的行为来划分，而且每一种划分都可以分为多种类型。

从行业角度划分，可将其分为以下 3 类（见表 4－1）。

表 4－1　从行业角度划分，公司并购的类型

类型	特点	案例
横向并购	是指同属产业或行业，或产品处于同一市场的企业之间发生的并购行为。横向并购可以扩大同类产品的生产规模，降低生产成本，减少竞争，提高市场占有率	1995 年，青岛红星电器厂由于管理不善，已经是资不抵债，当时的亏损达到一亿多元，而且 3500 多名职工基本上都没有工作干，厂里生产的洗衣机常常在发出去之后又被退了回来。当时，青岛市政府做了一个决定，让海尔兼并红星电器。海尔的总经理对红星电器做了全面的分析后决定用文化来盘活红星电器厂
纵向并购	是指生产过程或经营环节紧密相关的企业之间的并购行为。纵向并购可以加速生产流程，节约运输、仓储等费用	德尔福公司是全球最大的汽车零部件企业之一，原为通用汽车公司的零部件子公司，后德尔福正式与通用汽车公司分离。但德尔福未能躲开金融危机的影响，2005 年德尔福申请破产保护，而通用汽车再一次回购德尔福

续 表

类型	特点	案例
混合并购	是指生产和经营彼此没有关联的产品或服务的企业之间的并购行为。混合并购的主要目的是分散经营风险，提高企业的市场适应能力	2006 年 5 月，经江西省政府批准，最终确定九江化纤与河南海洋纺织科技（集团）有限公司和仁和（集团）发展有限公司合作，采取“壳资分离、资产置换”的方式进行资产重组。即由仁和（集团）发展有限公司承接上市公司的“壳”，置入其所属的制药类资产，做到 2006 年全年实现赢利，并同步实施股权分置改革，以实现上市公司的保牌；由河南海洋纺织科技（集团）有限公司与江西省纺织集团公司共同出资成立九江金源化纤有限公司，承接上市公司存续资产（债务），接收 2500 名职工

按企业并购的付款方式划分，并购可分为以下 3 类（见表 4－2）。

表 4－2　　从付款方式划分，企业并购的类型

类型	特点	案例
用现金购买资产	是指并购公司使用现款购买目标公司绝大部分资产或全部资产，以实现对目标公司的控制	华源集团是由原纺织部为参与浦东开放、开发，联合外经贸部和交通银行总行在 1992 年共同创办的大型综合性集团公司，最初注册资本金 1.4 亿元。公司经过 90 多次并购后成为中国最大的医药集团及国有纺织集团，旗下拥有 8 家上市公司，资产规模从最初 5 亿元扩张到危机前的 572 亿元。2002 年和 2004 年，华源集团及其旗下子公司以 11 亿元和 11.6 亿元现金出资相继收购上海医药集团 40% 的股份和北京医药集团 50% 的股份，刷新了中国医药产业的收购价格纪录

续 表

类型	特点	案例
债权转股权	是指最大债权人在企业无力归还债务时，将债权转为投资，从而取得企业的控制权。中国金融资产管理公司控制的企业大部分为债转股而来，资产管理公司进行阶段性持股，并最终将持有的股权转让变现	2008 年 9 月，上市公司四川双马发布公告称，公司将通过定向增发，向该公司的实际控制人拉法基中国海外控股公司发行 36809 万股 A 股股票，收购其持有的都江堰拉法基水泥有限公司 50% 的股权，增发价为 7.61 元/股。收购后，都江堰拉法基将成为四川双马的控股子公司。此项股权收购完成后，四川双马将达到控制都江堰拉法基的目的
间接控股	是战略投资者通过直接并购上市公司的第一大股东来间接地获得上市公司的控制权	北京万辉药业集团以承债方式兼并了双鹤药业的第一大股东北京制药厂，从而持有双鹤药业 17524 万股，占双鹤药业总股本的 57.33%，成为双鹤药业第一大股东

从并购企业的行为来划分，可以分为善意并购和敌意并购（见表 4－3）。

表 4－3　　从企业行为，划分企业并购的类型

类型	特点	案例
善意并购	是通过双方友好协商，互相配合，制定并购协议	2001 年 10 月，新浪网完成对阳光文化网络电视控股有限公司 29% 股份的收购。此前，新浪网宣布有意从阳光文化董事长杨澜手中购入该公司 29% 的股票，以此成为阳光文化最大的股东。新浪网将为此支付 800 万美元现金，以及约 460 万股新发行的股票，这部分股票占新浪网股权稀释后总股份的 10%。此外，杨澜持有新浪网的股份预计将增加至稀释后总股份的 16%，但这将取决于阳光文化在未来 18 个月的业绩表现。也就是说，如果阳光文化的业绩达到了协议中规定的目标，杨澜将获得新发行的 330 万股新浪网股票

续 表

类型	特点	案例
敌意并购	是指并购企业秘密收购目标企业股票等，使目标企业只能接受出售条件，从而实现控制权的转移	2002年8月中旬，荷兰皇家飞利浦中国集团与苏州孔雀电器（集团）公司关于飞利浦消费电子有限公司（简称“苏飞”）股权转让的协议在不事声张的情况下签署：飞利浦在合资公司中的股份从51%增加到80%，孔雀则从49%减持至20%

此外，还有按并购的动因划分的规模型并购、组合式并购、功能式并购、产业式并购，以及按交易条件划分的承担债务式并购、杠杆收购、资产置换式并购。在此不再一一赘述。

企业并购的基本程序

公司在并购中，详细了解并购的步骤并制订全面的并购计划，有助于妥善处理好企业并购中复杂的关系。完整的企业并购基本流程应该包括三大阶段：并购准备阶段、并购实施阶段、并购整合阶段。

1. 并购准备阶段

在并购准备阶段，并购公司确立并购攻略后，应该尽快组成并购班子。并购班子一般包括两方面的人员：并购公司内部人员和聘请的专业人员，其中至少要包括律师、会计师和来自投资银行的财务顾问，如果并购涉及较为复杂的技术问题，还应该聘请技术顾问。

在并购准备阶段，对目标公司进行尽职调查非常重要。尽职调查的事项可以分为两大类：并购的外部法律环境和目标公司的基本情况。

尽职调查并购的外部法律环境，是为了保证并购的合法性。直接规定并购的法规散见于多种法律文件之中，因此，并购律师不仅要熟悉《公司法》《证券法》等一般性的法律，还要熟悉关于股份有限公司、涉及国有资产、涉外因素的并购特别法规。除了直接规定并购的法规以外，还应该调查反不正当竞争法、贸易政策、环境保护、安全卫生、税务政策等方面的法规。调查时还应该特别注意地方政府、部门对企业的特殊政策。

尽职调查目标公司的基本情况，应对目标公司进行全面、详细的尽职调查。目标公司的合法性、组织结构、产业背景、财务状况、人事状况都属于必须调查的基本事项。具体而言，以下事项须重点调查：

（1）目标公司的主体资格及获得的批准和授权情况。首先，应当调查目标公司的股东状况和目标公司是否具备合法的参与并购主体资格；其次，调查目标公司是否具备从事营业执照所确立的特定行业或经营项目的特定资格；最后，还要审查目标公司是否已经获得了本次并购所必需的批准与授权（公司制企业需要董事会或股东大会的批准，非公司制企业需要职工大会或上级主管部门的批准，如果并购一方为外商投资企业，还必须获得外经贸主管部门的批准）。

（2）目标公司的产权结构和内部组织结构。目标企业的性质可能是有限责任公司、股份有限公司、外商投资企业或者合伙制企业，不同性质的目标企业，对于并购方案的设计有着重要影响。

（3）目标公司重要的法律文件、重大合同。调查中尤其要注意以下几点：目标公司及其所有附属机构、合作方的董事和经营管理者名单；与上列单位、人员签署的书面协议、备忘录、保证书等。审查合同过程中应当主要考虑如下因素：合同的有效期限；合同项下公司的责任和义务；重要的违约行为；违约责任；合同的终止条件，等等。

（4）目标公司的资产状况。包括动产、不动产、知识产权状况，以及产权证明文件，特别要对大笔应收账款和应付账款进行分析。有时在合同签订之后还需要进一步的调查工作。调查结果有可能影响并购价格或其他全局性的问题。

（5）目标公司的人力资源状况。主要包括：目标公司的主要管理人员的一般情况；目标公司的雇员福利政策；目标公司的工会情况；目标公司的劳资关系，等等。

（6）目标公司的法律纠纷以及潜在债务。

对目标公司的尽职调查往往是一个困难和耗费时间的过程。并购方案至少应当包含以下几方面的内容：准确评估目标公司的价值；确定合适的并购模式和并购交易方式；选择最优的并购财务方式；筹划并购议程。

2. 并购实施阶段

并购的实施阶段由并购谈判、签订并购合同、履行并购合同3个环节组成。

（1）并购交易的谈判的焦点问题是并购的价格和并购条件，包括并购的总价格、支付方式、支付期限、交易保护、损害赔偿、并购后的人事安排、税负等。双方通过谈判就主要方面取得一致意见后，一般会签订一份《并购意向书》（或称《备忘录》）。《并购意向书》大致包含以下内容：并购方式、并购价格、是否需要卖方股东会批准、卖方希望买方采用的支付方式、是否需要政府的行政许可、并购履行的主要条件，等等。此外，双方还会在《并购意向书》中约定意向书的效力，可能会包括如下条款：排他协商条款（未经买方同意，卖方不得与第三方再行协商并购事项）、提供资料及信息条款（买方要求卖方进一步提供相关信息资料，卖方要求买方合理使用其所提供资料）、保密条款（并购的任何一方不得公开与并购事项相关的信息）、锁定条款（买方按照约定价格购买目标公司的部分股份、资产，以保证目标公司继续与收购公司谈判）、费用分担条款（并购成功或者不成功所引起的费用的分担方式）、终止条款（意向书失效的条件）。

（2）并购合同应规定所有并购条件和当事人的陈述担保。并购合同的谈判是一个漫长的过程，通常是收购方的律师在双方谈判的基础上拿出一套协议草案，然后双方律师在此基础上经过多次磋商、反复修改，最后才能定稿。并购合同至少应包括以下条款：

①明确并购价款和支付方式。

②陈述与保证条款。陈述与保证条款通常是并购合同中的最长条款，内容也极其烦琐。该条款是约束目标公司的条款，也是保障收购方权利的主要条款。目标公司应保证有关的公司文件、会计账册、营业与资产状况的报表与资料的真实性。

③并购合同中会规定合同的生效条件、交割条件和支付条件。并购合同经双方签字后，可能需要等待政府有关部门的核准，或者需要并购双方履行法律规定的一系列义务（如债务公告、信息披露等），或者收购方还需要作进一步审查后才能确认，所以并购合同不一定马上发生预期的法律效力。并购双方往往会在合同中约定并购合同的生效条件，当所附条件具备时，并购合同对双方当事人发生法律约束力。为了促成并购合同的生效，在并购合同中往往还需要约定在合同签订后、生效前双方应该履行的义务及其期限，比如，双方应该在约定期限内取得一切有关第三方的同意、授权、核准，等等。

④并购合同的履行条件。履行条件往往与并购对价的支付方式联系在一起，双方一般会约定当卖方履行何种义务后，买方支付多少比例的对价。

⑤资产交割后的步骤和程序。

⑥违约赔偿条款。

⑦税负、并购费用等其他条款。

（3）履行并购合同指并购合同双方依照合同约定完成各自义务的行为，包括合同生效、产权交割、尾款支付完毕等。一个较为审慎的并购协

议的履行期一般分为以下3个阶段：

①合同生效后，买方支付一定比例的对价。

②在约定的期限内卖方交割转让资产或股权，之后，买方再支付一定比例的对价。

③一般买方会要求在交割后的一定期限内支付最后一笔尾款，尾款支付结束后，并购合同才算真正履行结束。

3. 并购整合阶段

并购整合是指当收购企业获得目标企业的资产所有权、股权或经营控制权之后进行的资产、人员等企业要素的整体系统性安排，从而使并购后的企业按照一定的并购目标、方针和战略有效运营。并购整合工作一般包括战略整合、企业文化整合、组织机构整合、人力资源整合、管理活动整合、业务活动整合、财务整合、信息系统整合等内容。

另外，并购后的评价也不能忽视。任何事物都需要衡量，并购活动也一样。通过评价，可以衡量并购的目标是否达到，监控并购交易完成后公司的经营活动，从而保障并购价值的实现。

企业并购是风险很高的商业资产运作行为，操作得当可能会极大地提升资产质量，提高企业的竞争力，带来经济收益，操作不当则会使当事人陷入泥潭而难以自拔。因此，公司在决定采取并购策略进行扩张之前，一定要经过审慎的判断和严密的论证；在并购的操作过程中，一定要仔细设计每一个并购阶段的操作步骤，将并购交易可能遇到的风险降低在最低限度之内。

企业并购中的财务分析

企业并购是企业进行资本运作和经营的一种主要形式。企业进行并购的动因很多，主要有提高竞争优势、扩大经济规模、降低交易成本、进行合理避税、迅速筹集资金，或认为目标企业价值被低估，而在我国还有一种主要的并购动机是借壳上市。现实中，企业并购成功率很低，效果也难以令人满意，很多企业并购后反而陷入困境，所以进行企业并购的财务分析就显得尤为重要。

1. 企业并购的成本分析

在企业并购过程中，并购成本包括并购实施前的准备成本、对目标公司的购买成本和并购后的整合成本（见表4－4）。购买成本只是并购成本的一部分，多数企业并购的准备成本、购买成本看起来很低，但总成本实际上却很高。在企业并购中导致一些企业并购失败的原因主要是这些企业过多关注并购前的准备成本和购买成本而对并购后的整合成本认识不足。

表4－4　　企业的并购成本

并购成本种类	内容
并购实施前的准备成本	企业在进行并购前，首先要对并购企业的基本情况进行调查分析，对其生产、经营、管理、技术、财务状况等方面进行论证，对并购中的成本、收益、风险、定价进行研究，以确定并购行为是否可行。准备成本即在这一过程中发生的各种直接和间接费用，包括开办费、研发支出、咨询费等相关费用。准备成本是企业并购成本中的重要组成部分
对目标公司的购买成本	企业在确定并购目标后，并购企业向目标企业股东以现金、股票等方式支付以获得其控制权。购买成本包括支付给目标企业原股东的成本和对目标企业债务的承担。考虑购买成本的同时要充分考虑企业的并购效益

续　表

并购成本种类	内容
并购后的整合成本	指并购协调成本，是并购企业为使被并购企业按计划启动、发展生产所需的各项投资。在得到目标企业的控制权后，并购企业还要考虑为实现目标企业的长期发展战略而需支付的整合和经营成本。对并购企业和目标企业进行全面、系统的整合，整合过程是否成功直接关系到整个并购的成败。当并购完成后，由于并购企业与被并购企业作为两个不同的企业，在业务经营、管理模式、企业文化等方面都会存在显著的差异，要使它们成为一家企业，在整合过程中，必须不断调整企业的各类资源和组成要素，以使并购企业和目标企业能够融为一体。在整合过程结束后，还需向新企业注入资金，为新企业经营发展准备广告宣传费、服务费等。在企业并购过程中，还有两种成本需要考虑：一个是退出成本，另一个是机会成本。退出成本主要是指企业通过并购实施扩张而出现扩张不成功必须退出，或当企业所处的竞争环境出现了不利变化，需要部分或全部解除并购所发生的成本。一般来说，并购力度越大，可能发生的退出成本就越高。这项成本是一种或有成本，并不一定发生，但企业应该考虑到这项成本，以便在并购过程中对并购策略做出更合适的安排或调整。整合成本比例是否合理，对企业并购的成败具有重要意义

2. 企业并购的支付方式分析

企业并购活动中，并购支付是实现交易的一个关键环节，关系到并购双方的利益。分析企业并购的支付方式，有助于应对并购支付财务风险。企业并购的支付方式有以下几种（见表4－5）。

3. 企业并购的效益分析

企业并购作为一项重要的资本经营活动，其目的就是要追求资本最大增值和减少竞争的压力。由于成本和收益是密切相关的，所以对企业并购成本分析的同时要对并购可能带来的收益进行综合分析（见表4－6）。企

表 4－5　企业并购的支付方式

支付方式	内容
现金方式	一旦目标公司股东收到对其拥有股份的现金支付，就失去了对原公司的任何权益。现金方式并购是最简单迅速的一种支付方式。对目标公司而言，不必承担证券风险，交割简单明了。缺点是目标公司股东无法推迟资本利得的确认从而不能享受税收上的优惠，而且也不能拥有新公司的股东权益，对于并购企业而言，现金支付是一项沉重的即时现金负担，要求并购方有足够的现金头寸和筹资能力，交易规模也常常受到获利能力的制约。随着资本市场的不断完善和各种金融创新的出现，纯粹的现金方式并购已越来越少了
换股方式	即并购公司将目标公司的股权按一定比例换成本公司的股权，目标公司被终止，或成为并购公司的子公司，视具体情况可分为增资换股、库存股换股、母子公司交叉换股等。换股并购对于目标公司股东而言，可以推迟收益时间，达到合理避税或延迟交税的目标，亦可分享并购公司价值增值的好处。对并购方而言，即使其负有即付现金的压力，也不会挤占营运资金，比现金支付成本要小许多。但换股并购也存在着不少缺陷，譬如"淡化"了原有股东的权益，每股盈余可能发生不利变化，改变了公司的资本结构，稀释了原有股东对公司的控制权等
综合证券方式	即并购企业的出资不仅有现金、股票，还有认股权证、可转换债券和公司债券等多种混合形式。采用综合证券并购方式可将多种支付工具组合在一起，如果搭配得当，选择好各种融资工具的种类结构、期限结构以及价格结构，可以避免上述两种方式的缺点，即可使并购方避免支出更多现金，以造成企业财务结构恶化，亦可防止并购方企业原有股东的股权稀释，从而控制股权转移
杠杆收购方式	即并购方以目标公司的资产和将来的现金收入作为抵押，向金融机构贷款，再用贷款资金买下目标公司的收购方式。这种方式好处在于，首先并购方只需出极少部分自有资金即可买下目标公司，从而解决了部分巨额融资问题；其次，并购双方可以合法避税，减轻税负；最后，股权回报率高，充分发挥了融资杠杆效应。缺点是资本结构中债务比重很大，贷款利率也较高，并购方企业偿债压力沉重，若经营不善，极有可能被债务压垮

业在做出并购决策时，必须对其可能产生的效益进行全面、充分地估计，对企业并购的成本与收益的正确决策与否直接关系到企业的兴衰成败。

表4－6　　企业并购可能带来的收益

收益种类	意义
获得规模经济收益	企业并购可以获得企业所需要的产权及资产，实行一体化经营，达到规模经济，取得大集团效益。这里的规模经济包括生产规模经济和企业规模经济两个层次，规模经济是由于某种不可分性而存在的。通过企业并购，企业原有的有形资产可在更大的范围内共享，降低成本；企业的研究开发费用、营销费用等投入也可分摊到大量的产出上，这样有助于大幅度地节约资源，充分发挥生产资料及活劳动的价值，降低单位成本，增大单位投入的收益，实现专业化分工与协作，提高企业整体效益
获取纳税效应	我国税法包含亏损递延条款，允许亏损企业免交当年所得税，且其亏损可向后递延，可以抵消以后年度盈余。同时，税法中规定，不同的资产产生的收益适用不同的税率，股息收入、利息收入、营业收益、资本收益的税率也各不相同。企业可以利用这些规定，通过并购行为相应的财务处理合理避税。如果企业在一年中出现了严重亏损，或者企业连续几年不赢利，企业拥有相当数量的累计亏损时，这家企业往往会被考虑为并购对象，或者该企业考虑并购赢利企业，以充分利用它在纳税方面的优势
获取融资渠道收益	一些公司之所以并购上市公司或金融企业，主要在于为自己寻求一条比较方便的融资渠道。非上市公司通过证券市场收购已挂牌上市的公司，再以反向收购的方法注入自己的有关业务和资产，达到间接上市的目的。优势企业通过“买壳上市”可以利用“壳”企业的配股和增发新股较为便利地募集资金。另外，企业也可以利用整合并购后的大集团优势进行信用担保，从有关金融机构借贷资金，促进企业强有力地发展
形成内部资源互补	企业通过并购，不但获得了原有企业的资产，还可以分享原有企业的管理人才与先进经验，形成有利的竞争优势。另外，企业通过并购还可以在技术、市场、产品、管理，甚至在企业文化方面取长补短，实现互补效应

续 表

收益种类	意义
降低或分散风险	企业并购后由于其在规模与实力上都表现出了强劲的竞争力，并有可能在一定程度上对市场上同行业的发展形成重大影响，这样就有可能寻求投资新领域和未来的发展空间，在遭遇金融危机的时候就能分散经营单一产品的风险

总之，企业要正确认识并购对于自己发展的重要意义，特别是在当前全球经济一体化及世界各国普遍面临的金融危机的重要影响下，正确分析好自己企业的经济情况，把握时机，量力而行，使自己的企业得以健康高效地发展。

企业并购中的资产评估方法

在并购重组中会涉及很多企业资产重新分配和转移的问题，需要对企业进行资产评估。资产评估是由专门的机构和人员，按照特定目的，遵循适用的原则和标准，在充分占有资料的基础上，选择科学的程序和方法，对特定资产在某一时点的价格所进行的评定和估算过程。

1. 资产评估方法

资产评估方法主要有收益现值法、重置成本法、现行市价法和清算价格法（见表4-7）。

表4-7　　资产评估的方法

方法	内容
收益现值法	指将评估对象从并购重组时间算起至企业经营期限终止之日止这段时间的预期收益，用适合的折现率进行折现，然后通过折现额累加得到的评估现值的一种估算资产价值的方法。它的中心思想是资产的价值由它预期会带来的效益决定，与成本无关

续 表

方法	内容
重置成本法	指在现时情况下，被评估对象以全新状态的重置成本减去该项资产的实体性贬值、功能性贬值和经济性贬值，从而估算出资产价值的方法。在运用重置成本法时，应当将该项资产视为全新的状态下进行成本的重置，然后根据本资产的使用年限和折旧率计算出折旧额，重置成本减去折旧额，再考虑本项资产的现时使用价值，使用年限确定成新率（被评估对象的新旧程度，如九成新、八成新）等因素，从而得出重估价值
现行市价法	指找出若干个跟被评估对象性质相似或相近的参照物，在它们之间进行市场价格逐一比对，从而确定被评估对象的市场价格。如果参照物和被评估对象之间性质差异较大，无法比对，应当根据他们之间的差异程度进行具体的比较，然后调整出一个合适的价格。再综合分析和调整各项价格，进行累加确定资产评估价格的一种评估方法
清算价格法	是作为一种特别的评估方式而存在的，它是指企业由于破产等原因，需要在短期内将企业资产折现，为了得到在清算之日时资产卖出预期可以收到的快速变现价格而进行的评估方法。资产的卖出方法既可以是将企业作为一项整体的资产售出，也可以根据设备、原材料、库存商品等逐项拆分变现，主要以变现速度快和变现价值高为目的

企业应当根据企业的经营状况和性质选择适合的资产评估方法。如果以“持续经营价值”或“在用价值”作为评估的价值基础，当被并购方把企业的全部资产或部分资产看成资本或获利能力，而不是作为单纯的资本货物来交易时，对企业全部资产的评估，就应当采取综合评估的方式，即采用收益法估算出该企业的收益现值。相反地，如果被并购企业将企业的全部资产作为资本货物，即当作一般生产要素来交易，对企业全部资产的评估，一般要采取单项评估价值加总的方式，即采用重置成本法估算出其成本；当然，也可以采用现行市价法估算被兼并的企业或资产的价值，但是其局限性在于较难获得完备的、合理的市场数据，并且评估结果不一定就是针对特定交易者而言的价值。

2. 资产评估方法的选择

选择什么样的资产评估方法，要根据自己企业的实际情况而定。在实践中，不同的资产评估方法有不同的操作方式（见表4－8）。

表4－8　　不同的资产评估方法及操作方式

评估方法	操作方式
收益现值法	企业在从事日常生产经营活动中，其经营状况良好，赢利情况也良好，在未来发展中还有一定市场竞争力的企业，在进行并购重组的资产评估时采用收益现值法比较适合。常用的收益现值法有净利润折现法、股利折现模型法、自有现金流量折算法、剩余收益估价法和经济增加值估价法。在进行资产评估中，主要遇到影响评估结果的因素是收益期限、折现率和预期收益，评估结果稍有不慎，可能存在偏差。收益现值法还要求能够有对资产的未来获利能力，净利润或净现金流量等的量化能力
重置成本法	企业在从事日常生产经营活动中，其经营状况较差，赢利情况不是很好，发展前景也不是很大的企业，在进行并购重组的资产评估时采用重置成本法比较适合。常用的重置成本估算方法主要有直接法、功能价值法、物价指数法和规模经济效益指数法
现行市价法	企业在从事日常生产经营活动中，其经营状况很差，长期处于亏损状态，没有什么发展前景和市场竞争力的企业，在进行并购重组的资产评估时采用现行市价法比较适合。现行市价估算方法主要有直接法、类比法和物价指数法。在评估中，它的操作方法简单，但是影响被评估对象市价的主要原因是比较因素，分为个别因素、交易因素、地域因素和时间因素，导致市价的不稳定性。评估师很难保持不受主观意识影响，评估的结果就无法服众
清算价格法	具有法律效力破产处理并且变卖收入可以补偿出售所产生的支出的企业，可以进行清算价格法进行资产评估

综上所述，资产评估的主要方法都是根据企业的具体情况而设定的，企业在进行并购重组时，合适的评估方法才能为企业并购重组所涉及的价格和资本扩张方案提供指导，才能明确企业存在的问题和责

任人，才能够促进企业资产的优化利用，才能帮助企业并购重组工作有方向、有规划的进行。资产评估对企业并购重组意义非凡，在评估过程中也会受到诸多因素的影响，因此，对影响因素的规避，是实现客观评估的保证。

企业并购中的相关法律问题

在我国建立现代企业制度的进程中，企业并购是实现产业结构优化、合理利用资源的重要手段，具有十分重要的意义。在企业并购的实践中，不但涉及许多具体的操作技术，而且也必然涉及诸多法律问题。因此，企业并购必须依照法律的规定有序地进行。那么，企业并购会涉及哪些法律问题？又如何加以解决呢？

1. 企业并购中的物权问题

在企业并购中，物权问题是应当第一个解决的问题。

首先，我国企业从所有制形式来划分，有国有、集体所有、混合所有、个人所有等多种形式。无论在相同的所有制形式企业之间进行并购，还是在不同的所有制形式之间进行并购，物权问题都必须加以解决。由于历史的原因，有不少企业的财产所有权并不明确，或者说存在争议。尤其是20世纪六七十年代组建的集体企业，20世纪90年代以个人投资但挂靠国有单位或以集体企业名义注册的企业也不少。这些企业在不涉及产权变动的问题时，会风平浪静，而一旦产权面临变动时，则会掀起巨大波澜。要明确产权，必须依据法律，查找历史资料，找准企业创办、演变的来龙去脉。这是一项十分复杂而艰巨的工作。特别是在工商档案不健全的地方，尤为困难。但如不解决，则企业并购将无从下手。完成这一任务，律师可以同政府主管部门、企业进行接触，以法律顾问或专项问题调研者的身份介入，通过深入细致的调查，为企业并购工作的顺利开展，提供第一手资料。

其次，要把物权上的抵押权、经营管理权、使用权情况搞清楚。物权在《民法通则》的规定中，除了所有权之外，还有用益物权、担保物权等规定。这些规定在处理企业并购中的有关问题时具有十分重要的意义。处理好所有权、用益物权、担保物权及其相互关系，是企业并购能够有序进行的重要前提。在我国国有企业的运营实践中，所有权与经营权是分离的。国有企业的经营者或者受国有资产管理机构的委托对国有企业进行经营管理，或者以定额或按比例上缴利润的方式进行承包经营，在这种情况下，经营者拥有相当大的自主权，如可以将所管理的企业资产进行抵押或租赁，而抵押或租赁后出现了何种风险，以什么手段和措施防范风险等问题，都需要在企业并购时了解清楚，否则将会在企业并购完成后暴露出一大堆历史遗留问题，将严重影响并购企业的正常经营活动，这就与改革的目的相悖。要解决好这一问题，同样可以让律师提前介入，让他们接受政府主管部门或企业的委托，对并购和被并购企业双方的上述物权状况进行全面、深入的调查，写出所负责工作的情况报告，并提出并购活动的有关法律建议，以确保企业并购真正成为实现现代企业制度建立和完善的手段。

2. 企业并购中的债权、债务问题

在企业并购中，除了涉及物权问题外，还必然会涉及债权、债务的问题。任何企业在经营活动中，都同时既是债权人又是债务人，只不过需要弄清楚债权、债务的具体情况。

首先，必须弄清楚的是，将被并购的企业有多少到期债务而不能履行，有多少债权尚未实现，其原因是什么，还有多少债务将被免除，有多少债权将无法实现。弄清这些情况后，即可决定是否对将被并购的企业申

请破产。如符合破产条件，即可进入破产程序，只有在确认符合并购条件时，才能进入并购过程。在我国现阶段，不少企业之所以走向破产的边缘，除了产品与市场脱节之外，其中很重要的一个原因是管理混乱，尤其表现在财务管理上，有的简直就是一本糊涂账，有多少总资产、净资产、原值多少、重值多少，都无从说清。因此，遇到并购这样企业的情况，不下一番工夫，是不可能将企业的真实情况摸透的。为此，要组成由政府有关部门的负责人、专业人员和律师参加的专门工作班子，进行全面的清理，按照《公司法》和《会计法》等相关法律法规，做出反映企业真实面貌的报告，然后才能进入并购的具体程序。

其次，对并购企业的债权、债务情况同样必须全面摸清。企业并购，从实质上说，是对两个企业的资产进行重组，构成一个新的经济实体。这如同对两个不同个体的器官进行移植一样，必须对两个不同个体的各种指标进行比对，合者方能移植，否则将不能移植。对企业并购者和被并购者双方而言，也应当进行比对。只不过在并购过程中，并购企业居于主体地位，被并购者处于被动地位。但对于企业的财产而言，它涉及的不仅仅是两个企业本身的利益，还涉及他方的利益，如债权人利益、投资者的利益、国家的利益（如税收）。因此，除了要摸清被并购企业的资产状况外，同样必须搞清楚并购企业自身的资产状况。

3. 企业并购中的资产评估问题

在弄清楚企业的物权、债权问题外，还必须对企业的资产价值进行评估。

首先，要选择具有评估资质的机构。资产评估是一项技术性很强、程序性要求极严格的智力活动，要求从业人员必须具备相应的知识和技能。然而，在现实中，由于对资产评估机构的选择把关不严，对从业人员缺乏严格的培训与考核，加之社会对评估工作的认识不到位，常常出现评估结果与实际状况差距极大的问题。为了使企业并购合法有序的进行，防止出现各种违法甚至犯罪行为，必须选择符合条件的资产评估机构。

其次，选择评估机构也要讲究秩序。不能由并购企业或被并购企业自己委托资产评估机构，而应由政府主管部门、律师参与，按随机抽取的方式从有资质的资产评估机构中选用。只有这样，才能防止人情评估等影响评估真实可靠性的问题出现。

再次，评估必须按程序办。评估是一项严肃的法律行为。既然是法律行为，就应当强调程序。凡受委托的资产评估机构，必须制定严格的评估程序，并在政府主管部门、律师的监督下进行评估。同时，资产评估机构必须对自己的评估结果负责。如有违法行为，应当承担法律责任。

最后，资产评估机构做出的评估结果，还应当由原资产所有人和债权、债务人共同确认。任意一方如有异议，均可另行委托其他评估机构重新做出评估。如由于评估机构故意或过失做出与资产实际价值严重不符的结果而拒不改正的，利害关系人有权依法寻求救济。

4. 企业并购中的职工权益问题

企业并购必然涉及企业职工的权益问题，如工资、保险、失业、住房等与职工切身利益相关的问题，如不能合理地给予解决，不但不能保证并购活动的顺利进行，而且还会对社会造成极大压力、影响社会稳定。在一些地区进行企业并购时，常常见物不见人。在制定并购方案和计划时，忽视对企业职工权益问题的解决，以致在实施并购方案时阻力重重，最后不但导致一方或双方违约，而且还带出许多其他问题。这方面的教训我们应当认真吸取。因此，在企业并购中，必须全面考虑，制订方案时，要有专门班子，分工负责，同时要彼此协调，使方案全面而无遗漏，要切合实际、便于操作、能够落实，切忌表面文章。做方案时要注意反复论证，听取各方面意见，尤其要听取企业职工的意见，要把方案制定的依据、程序、可行性以及可能遇到的问题如实交给企业职工，征求他们的意见。需要经过上级主管部门批准的方案，要按程序报批。一定要杜绝在方案不成熟时强行付诸实施。

企业经营者必须明确，我国是工人阶级领导的以工农联盟为基础的社会主义国家，工人、农民同知识分子一道组成了我国人民民主专政的基础。在企业，职工对企业的经营管理有发表意见、建议、提出批评的权利，任何人不得加以剥夺，企业职工的合法权益必须依法得到保障。尤其在企业并购这样大的行动中容易忽视职工权益的时候不能置职工利益于不顾。有关部门在审查并购方案时，必须把职工权益的保护是否到位作为衡量方案能否通过的重要标准。否则，将不予通过。

5. 企业并购中的企业领导人的责任问题

在企业并购中，往往因审计而发现某些问题，特别是企业法定代表人在任职期间的问题，主要是财务方面的问题，税收方面的问题，采购销售活动中的诸如回扣问题、贿赂问题、侵犯商业秘密问题、侵犯知识产权问题、非法经营问题及其走私贩私问题等。以上这些问题，在企业归属不发生变动的稳定状态下，一般不易暴露，即使偶有反映，有关部门不立案调查也往往是无声无息地过去。

曾有一个企业领导人在岗位调动时，人事部门提出离任审计，这个领导人几天坐卧不安，不过，因有更高级别的领导出面干预，才没有进行审计。但是，像企业并购这样涉及国家、企业、职工多方利益的重要事件，应当依法对企业管理人，特别是企业法定代表人在履行职务过程中所实施的职务行为的合法性进行全面审查。在财务方面，应由政府审计部门负责审计；在税收方面，应由税务机关负责审查；在个人廉洁方面，应由监察部门负责审查。对在审计和审查中发现的问题，应当要求其做出负责的说明，凡不能说明的问题，应当按照问题的性质和严重程度分别交有关机关继续审查，直至使问题彻底查清。

在过去的实践中，有关部门往往忽视了对效益差的企业的领导人的审查。有的企业之所以从兴旺走向衰败，其主要原因是企业的领导人公饱私囊，所谓“富了和尚穷了庙”就是这些企业和企业领导人的写照。在今后的企业并购中，特别要注意对被并购企业的领导人进行审查。许多问题，只要深入企业职工，取得他们的信任，是不难发现的。当然，对企业领导人的审计或审查，应当依照法律的规定，按照法定程序，由法定机关进行。同时，在审计或审查中，要坚持实事求是的原则，不能先入为主，不能带着框框去找问题，而是依照审计的程序和方法进行。有问题就作为问题来查，没有问题就作为程序来办，是什么问题就以什么问题对待，既不能无中生有，也不能大事化小、小事化无。

在审计或审查中，如果发现企业的破产倒闭应当由法定代表人承担责任的应当按照程序由有关机关实施惩戒或处罚。任何人都不得未经法定程序而给予企业法定代表人以任何形式的处罚。同时，任何人也不得让应当受到处罚的人逍遥法外，真正做到在法律面前人人平等。

我国企业并购活动将在现代企业制度建立过程中出现一个高潮，为了使这一活动有序进行，有关部门应当对其活动依照现行法律进行规范。同时，由于并购是一个涉及面广、政策性极强的改革中的新事物，还会出现许多新情况、新问题，因而还必须对现有法律制度进行不断完善，使之适应企业并购活动对法律的需要。

企业并购中的税务问题

企业并购是企业在日常经营活动以外发生的重大交易活动，是企业迅速成长并创造辉煌的主要途径。税收作为影响重组成本的重要因素，是并购企业不得不考虑的现实问题。下面结合我国的并购税收政策，对并购的两种主要模式资产收购与股权收购涉及的税务问题进行探讨。

1. 资产收购与股权收购

资产收购，是指一家公司以有偿对价取得另外一家公司的全部或者部分资产的民事法律行为。资产收购是公司寻求其他公司优质资产、调整公司经营规模、推行公司发展战略的重要措施。

资产收购有以下特点：

①可以避免被收购方向收购方转嫁“或有负债”。在进行资产收购过程中，交易双方必须对交易的资产进行逐项核对，进行清产核资和评估。这样就可以比较准确地评估和避免负债的影响。

②收购方也可以在收购资产的同时剔除某些负债，除非资产收购的结果形成法定合并。但是在股权收购中，收购方作为被收购方的股东，当然要对被收购公司的债务负责。同时，可以避免少数股东的阻挠。如果采取股权收购的方式，部分股东想继续保留公司的股份而不愿意出售手中的股票，那么可以采取资产收购的方式避开上述股东的阻挠。

③资产收购也有以下几种弊端：收购方不能承继被收购方的税收优惠；税收成本较大；收购方不能承受被收购公司因亏损而带来的所得税减免。

股权收购，是指以目标公司股东的全部或部分股权为收购标的的收购。收购股权就是一个企业把另一个企业的股权投资转让给第三个企业，我们可以视第一个企业与第三个企业是朋友或是亲兄弟的关系，对于股权重组的处理来说，第一个企业就像是出卖股权，第三个企业就像是购买股权。

股权收购有以下特点：

①不需要获得目标公司的同意。股权收购的主体是收购公司和被收购公司的股东，因此收购不需要取得目标公司的同意，也不需要征得目标公

司管理层的同意。交易的决策权在各个分散的股东手中。因此，被收购公司管理层不能从根本上阻止收购活动的进行。

②需要的收购资金相对较小。就股权收购而言，只需要取得被收购公司的控制权就可以了。因此在很多情况下，收购公司只需要部分出资就可以控制目标公司，从而实现以少量资本控制大量资本的目的。

③法律程序简单。在法律程序上，股权收购只要收购公司与目标公司的股东达成协议收购股权，并取得目标公司的股权优势后，再进行董事、监事改选即可。但是如果采取资产收购的方式，则必须由目标公司的董事会、股东会做出特别决议，交易双方签订协议之后，还要公告并通知债权人。

资产收购与股权收购都属于公司收购行为，二者的目的均为凭借对财产权及股权的控制，掌握公司的经营权，并以此实现获利。

2. 资产收购的税务问题

对转让企业而言，若转让资产中涉及存货、固定资产等内容，则需要缴纳增值税、城建税、教育费附加、印花税；若涉及无形资产、不动产等内容，则需要缴纳营业税、城建税、教育费附加、土地增值税、印花税。

但《国家税务总局关于纳税人资产重组有关增值税问题的公告》（国家税务总局公告2011年第13号）规定，纳税人在资产重组过程中，通过合并、分立、出售、置换等方式，将全部或者部分实物资产以及与其相关联的债权、负债和劳动力一并转让给其他单位和个人，不属于增值税的征税范围，其中涉及的货物转让，不征收增值税。《国家税务总局关于纳税人资产重组有关营业税问题的公告》（国家税务总局公告2011年第51号）规定，纳税人在资产重组过程中，通过合并、分立、出售、置换等方式，将全部或者部分实物资产以及与其相关联的债权、债务和劳动力一并转让给其他单位和个人的行为，不属于营业税征收范围，其中涉及的不动产、土地使用权转让，不征收营业税。

受让企业支付对价的方式有股权支付和非股权支付。若是股权支付，则实际上是受让企业向转让企业转让股权，然后以转让股权获得的收益购买转让企业的资产，这种情况下，受让企业只涉及印花税和所得税。若采用非股权支付，相当于受让企业先同转让企业转让非货币性资产，再用转让取得的经济利益购买转让企业的股权。因此，若非股权支付涉及存货和固定资产等内容，则受让企业应依法计算缴纳增值税等；若是其他资产形式，则可能需要缴纳营业税、土地增值税等。《企事业单位改制重组享受契税减免优惠政策》（财税〔2012〕4号）规定，国有、集体企业整体出售，被出售企业法人予以注销，并且买受人按照《中华人民共和国劳动法》等国家有关法律法规政策妥善安置原企业全部职工，与原企业全部职工签订服务年限不少于三年的劳动用工合同的，对其承受所购企业的土地、房屋权属，免征契税；与原企业超过30%的职工签订服务年限不少于三年的劳动用工合同的，减半征收契税。

根据国家税务总局《关于企业重组业务企业所得税处理若干问题的通知》（财税〔2009〕59号）的规定，资产收购企业所得税的处理分为一般税务处理与特殊税务处理。一般情况下企业资产收购重组交易，被收购方应确认资产转让所得或损失；被收购企业的相关所得税事项原则上保持不变；收购方取得资产的计税基础应以公允价值为基础确定。若符合企业重组的特定条件，受让企业收购的资产不低于转让企业全部资产的75%，且受让企业在该资产收购发生的股权支付金额不低于其交易支付总额的85%，则交易各方对其交易中的股权支付部分，可以按以下规定进行特殊性税务处理：转让企业取得受让企业股权的计税基础，以被转让资产的原有计税基础确定；受让企业取得转让企业资产的计税基础，以被转让资产的原有计税基础确定。

3. 股权收购的税务问题

股权收购的税务问题相对资产收购来说要简单，对被收购企业而言，股权收购本质上是股权转让。根据股东身份不同，把股东分为自然人股东和企业股东两类。根据股东身份的不同，股权转让所得税的缴纳存在较大差异。

自然人作为股东时，根据《中华人民共和国个人所得税法》和《国家税务总局关于股权转让所得个人所得税计税依据核定问题的公告》的规定，自然人转让企业股权属于《中华人民共和国个人所得税法》纳税范围中的“转让财产所得”应缴纳个人所得税，计算依据为股权转让的交易价格减去成本及买方负担的相关税费后的余额。税率为20%。但是符合以下条件的免征个人所得税：

①所投资企业连续三年以上（含三年）亏损。

②因国家政策调整的原因而低价转让股权。

③将股权转让给配偶、父母、子女、祖父母、外祖父母、孙子女、外孙子女、兄弟姐妹以及对转让人承担直接抚养或者赡养义务的抚养人或者赡养人。

④或经主管税务机关认定的其他合理情形。

企业法人作为股东时，转让股权缴纳的是企业所得税。法律依据为《国家税务总局关于企业股权投资业务若干所得税问题的通知》（国税发〔2000〕118号）第一项的规定：企业股权投资转让所得或损失是指企业因收回、转让或清算处置股权投资的收入减除股权投资成本后的余额。企业股权投资转让所得应并入企业的应纳税所得，依法缴纳企业所得税。企业可以将转让所得扣除投资成本后的余额计入企业所得缴纳企业所得税。

对收购企业而言，根据《财政部、国家税务总局关于股权转让营业税问题的通知》（财税〔2002〕191号）的规定，对股权转让不征收营业税。

《企事业单位改制重组享受契税减免优惠政策》（财税〔2012〕4 号）在股权（股份）转让中，单位、个人承受公司股权（股份），公司土地、房屋权属不发生转移，不征收契税。

另根据《印花税暂行条例》规定，“财产所有权”转移书据的征税范围是：经政府管理机关登记注册的动产、不动产的所有权转移所立的书据，以及企业股权转让所立的书据。股权转让属于印花税税目的产权转移书据中的财产转让所得子目，应按万分之五贴花。此税不因股东身份的不同而有所区分。

综上分析可见，股权收购所涉税种、税收成本比资产收购要低，而在资产收购中全部或者部分实物资产以及与其相关联的债权、债务和劳动力一并转让不需要缴纳营业税和增值税，又可以大大地降低税收成本。并购中企业可结合税负成本来选择适合的重组方案。

第五章　兵无常势，水无常形

——企业重组实务

《孙子兵法》中说：“兵无常势，水无常形；能因敌变化而取胜者，谓之神。”意思是说，用兵作战没有固定的方式，就像水没有固定的形态一样；能根据敌情变化而取胜的，就叫作用兵如神。孙子认为，战场上形势瞬息万变，指挥员不能拘泥于某种作战的形式，要根据客观情况机动灵活地采取对策，才能夺取胜利。在企业重组实践中，用古人在兵法中的智慧来指导是非常明智的。在企业重组过程中，要熟悉重组方式，把握重组流程，遵循重组原则，规避税务风险，做好尽职调查，理解相关新政等，总之应审时度势、灵活机动地制订计划，不可死搬教条，墨守成规，这样才能完成真正意义上的重组，才能产生和增加重组的价值。

企业重组及方式

企业重组是针对企业产权关系和其他债务、资产、管理结构所展开的企业的改组、整顿与整合的过程，以此从整体上和战略上改善企业经营管理状况，强化企业在市场上的竞争能力，推进企业创新。

1. 什么是企业重组

企业重组是指企业以资本保值、增值为目标，运用资产重组、负债重组和产权重组方式，优化企业资产结构、负债结构和产权结构，以充分利用现有资源，实现资源优化配置。

企业重组，根据企业改制和资本营运总战略及企业自身特点，可采取原续型企业重组模式、合并型企业重组模式和分立型企业重组模式等。企业重组的关键在于选择合理的企业重组模式和重组方式。而合理的重组模式和重组方式的选择标准在于创造企业价值，实现资本增值。财务分析对于明确企业重组价值来源渠道、确定企业重组价值创造水平、搞清企业重组的受益者等都有着十分重要的意义与作用。

2. 企业重组的方式

企业重组的方式是多种多样的（见表5－1）。目前我国企业重组实践中通常存在两个问题：一是片面理解企业重组为企业兼并或企业扩张，而忽视其售卖、剥离等企业资本收缩经营方式；二是混淆合并与兼并、剥离与分立等方式。进行企业重组价值来源分析，首先界定企业重组方式内涵是必要的。

表 5-1　　　　企业重组的方式

方式	内容
合并	指两个或更多企业组合在一起，原有所有企业都不以法律实体形式存在，而建立一个新的公司。如将 A 公司与 B 公司合并成为 C 公司。但根据 1994 年 7 月 1 日生效的《中华人民共和国公司法》的规定，公司合并可分为吸收合并和新设合并两种形式。一个公司吸收其他公司为吸收合并，被吸收的公司解散；两个以上公司合并设立一个新的公司为新设合并，合并各方解散。从广义上说，合并包括兼并
兼并	指两个或更多企业组合在一起，其中一个企业保持其原有名称，而其他企业不再以法律实体形式存在。财政部 1996 年 8 月 24 日颁发《企业兼并有关财务问题的暂行规定》中指出，兼并是指一个企业通过购买等有偿方式取得其他企业的产权，使其失去法人资格或虽保留法人资格但变更投资主体的一种行为
收购	指一个企业以购买全部或部分股票（或称为股份收购）的方式购买了另一企业的全部或部分所有权，或者以购买全部或部分资产（或称资产收购）的方式购买另一企业的全部或部分所有权。股票收购可通过兼并或标购来实现。兼并的特点是与目标企业管理者直接谈判，或以交换股票的方式进行购买；目标企业董事会的认可通常发生在兼并出价获得目标企业所有者认同之前。使用标购方式，购买股票的出价直接面向目标企业所有者。收购其他企业部分与全部资产，通常是直接与目标企业管理者谈判。收购的目标是获得对目标企业的控制权，目标企业的法人地位并不消失
接管或接收	是指某公司原具有控股地位的股东（通常是该公司最大的股东）由于出售或转让股权，或者股权持有量被他人超过而控股地位旁落的情况
标购	是指一个企业直接向另一个企业的股东提出购买他们所持有的该企业股份的要约，达到控制该企业目的行为。这发生在该企业为上市公司的情况

续 表

方式	内容
剥离	是指企业将其部分闲置的不良资产、无利可图的资产或产品生产线、子公司或部门出售给其他企业以获得现金或有价证券。剥离的这一定义与我国目前的企业或资产售卖的含义基本相同，它是指企业根据资本经营的要求，将企业的部分资产、子公司、生产线等，以出售或分立的方式，将其与企业分离的过程。因此，剥离应含有售卖和分立两种方式。售卖是指企业将其所属的资产（包括子公司、生产线等）出售给其他企业，以获取现金和有价证券的交易。在国有企业改制中，国有资本所有者根据资本经营总体目标要求，将小型国有企业整体出售，也属于售卖范畴。分立是指公司将其在子公司中拥有的全部股份按比例分配给公司的股东，从而形成两家相互独立的股权结构相同的公司。这一定义实质上与我国国有企业股份制改造中的资产剥离含义基本相同。我国国有企业改制中的资产剥离往往是指将国有企业非经营资产或非主营资产，以无偿划拨的方式，与企业经营资产或主营资产分离的过程。通过资产剥离，可分立出不同的法人实体，而国家拥有这些法人实体的股权
破产	是指企业长期处于亏损状态，不能扭亏为盈，并逐渐发展为无力偿付到期债务的一种企业失败。企业失败可分为经营失败和财务失败两种类型。财务失败又分为技术上无力偿债和破产。破产是财务失败的极端形式。企业改制中的破产，实际上是企业改组的法律程序，也是社会资产重组的形式

企业重组模式及流程

了解企业重组模式，把握企业重组流程，对企业成功重组具有重要指导作用。

1. 企业重组模式

一般来说，企业重组模式有业务重组、资产重组、债务重组、股权重组、人员重组、管理体制重组等（见表5－2）。

表5－2　企业重组的模式

模式	内容
业务重组	是指对被改组企业的业务进行划分，从而决定哪一部分业务进入上市公司业务的行为。它是企业重组的基础，是其重组的前提。重组时着重划分经营性业务和非经营性业务、营利性业务和非营利性业务、主营业务和非主营业务，然后把经营性业务和营利性业务纳入上市公司业务，剥离非经营性业务和非营利性业务
资产重组	是指对重组企业一定范围内的资产进行分析、整合和优化组合的活动。它是企业重组的核心
债务重组	即负债重组，是指企业的负债通过债务人负债责任转移和负债转变为股权等方式进行重组的行为
股权重组	是指对企业股权进行调整的行为。它与其他重组相互关联，甚至同步进行，比如债务重组时债转股
人员重组	是指通过减员增效，优化劳动组合，提高劳动生产效率的行为
管理体制重组	修订管理制度，完善企业管理体制，以适应现代企业制度要求的行为

2. 企业重组流程

企业重组，是对企业的资金、资产、劳动力、技术、管理等要素进行重新配置，构建新的生产经营模式，使企业在变化中保持竞争优势的过程。

企业重组贯穿于企业发展的每一个阶段。企业重组流程分为以下3个阶段（见表5－3）。

表 5－3　　企业重组的流程

阶段	工作内容
项目的初始阶段	这时应明确项目的内涵及意义，并组成项目团队。将需要改进的流程与企业的经营结果如提高利润率、降低成本等直接联系起来，使企业认识到改进流程的意义。明确流程的起点与终点，以及改造完后应达成的目标，即理想的状态是什么。在这个阶段，还应组成由管理层及各相关部门成员构成的项目团队，必要时可请专家提供帮助
正式进入流程的分析及设计阶段	首先对现有流程进行分析，可采用头脑风暴法，列出现有流程中存在的问题。如输入、输出环节出错、步骤多余等局部问题，或是将串行的流程定义为并行、进行的时间错误等结构性问题。然后通过“鱼骨图”等问题分析工具找出产生问题的原因。其次找出现状与理想之间的差距，并在其中架设“桥梁”。然后据此设计出流程的各个步骤及衡量的标准。最后，提出从现状转化到理想状态的实施计划
流程的实施和改善阶段	设计完流程并非万事大吉，实施阶段是关键。在这一阶段，要先定义实施的组织结构，与相关部门及员工沟通，并提供培训。同时还要做好计划，包括怎样做、由谁做、何时做等，还要做好风险分析，即失败的可能性及对策等。然后要取得领导层对组织结构、计划以及资源分配的认可，才可真正开始实施。企业再造方案的实施并不意味着企业再造的终结。在社会发展日益加快的年代，企业总是不断面临新的挑战，这就需要对企业再造方案不断地进行改进，以适应新形势的需要

企业并购重组需要依照什么原则

企业并购重组需要依照什么原则？企业并购重组是为了资源得到更合理有效的利用而设置的，无法正常经营的企业考虑到员工等其他方面的利益，按照一定的程序进行企业的并购与重组。企业并购重组需要遵循以下5个原则：一是依法并购重组的原则；二是实效原则；三是优势互补性原

则；四是可操作性原则；五是系统性原则。

1. 依法和依规原则

企业并购引起的直接结果是目标企业法人地位的消失或控制权的改变，因而需要对目标企业的各种要素进行重新安排，以体现并购方的并购意图、经营思想和战略目标。但这一切不能仅从理想、愿望出发，因为企业行为要受到法律法规的约束，企业并购整合的操作也要受到法律法规的约束。在整合过程中，在涉及所有权、经营权、抵押权、质权和其他物权、专利、商标、著作权、发明权、发现权和其他科技成果等知识产权，以及购销、租赁、承包、借贷、运输、委托、雇用、技术和保险等债权的设立、变更和终止时，都要依法行事。这样才能得到法律的保护，也才能避免各种来自地方、部门和他人的法律风险。

2. 实效原则

整合要以收到实际效果为基本准则，即在资产、财务和人员等要素整合的过程中要坚持效益最大化目标，不论采取什么方式和手段，都应该保证能获得资源的优化配置、提高企业竞争能力的实际效果，而这些实际效果可以表现为整合后企业经济效益的提高、企业内部员工的稳定、企业形象的完善和各类要素的充分利用等。这里应避免整合中的华而不实、急功近利的做法。

3. 优势互补性原则

企业是由各种要素组成的经济实体，构成的各种相关要素是一种动态平衡，这种动态平衡是各要素在一定时间和一定条件下的存在状态。这里需要注意的是，平衡和最佳组合是针对不同企业而言的，甲企业的优势未必就是乙企业的优势，甲企业的劣势未必就是乙企业的劣势，最佳组合应该是适应环境的优势互补。因此，在整合过程中，一定要从整合的整体优势出发，善于取舍，通过优势互补实现新环境、新条件下的理想组合。

4. 可操作性原则

并购整合所涉及的程序和步骤应当是在现实条件下可操作的，或者操作所需要的条件或设施在一定条件下可以创造或以其他方式获得，不存在不可逾越的法律和事实障碍。整合的方式、内容和结果应该便于股东知晓、理解并能控制。

5. 系统性原则

并购整合本身就是一项系统工程，涉及企业各种要素的整合，缺少任何一个方面，都可能带来整个并购的失败。系统的整合应包括以下内容（见表5－4）。

表5－4　系统整合的内容

内容	意义
战略整合	这是并购后企业战略方向的重新定位，关系到企业长远发展的方针和策略
组织与制度整合	这是建立新的组织结构，把企业各项活动重新部门化、制度化，确定各部门明确的责权利关系
财务整合	保证各方在财务上的稳定性、连续性和统一性，使并购后的企业尽快在资本市场上树立良好形象
人力资源整合	企业要重新调整、分配管理人员、技术人员，要进行员工的重组和调整，以使企业能正常有效地运营
文化整合	包括并购双方企业的价值观、企业精神、领导风格和行为方式的相互融合和吸纳，构筑双方能够接受的企业文化，为各种协调活动提高共同的心理前提

续 表

内容	意义
品牌整合	无论对目标公司还是并购公司而言，品牌资产都是其发展和经营的重点，品牌整合的构建都是不可或缺的战略措施，决定着整合工作所带来的协同作用能否实现

企业并购重组有什么税务风险

税务是企业并购重组最为重要的问题，了解企业并购重组过程中的税务风险，运用规避其风险的有效办法，是企业顺利实现并购重组的重要工作。

1. 企业并购重组过程中的税务风险

从司法实践总结分析，企业并购重组的税务风险主要有以下 6 个方面（见表 5－5）。

表 5－5　　企业并购重组的税务风险

类型	内容
历史遗留税务问题	在股权收购的情形下，被收购公司的所有历史遗留税务问题都将被新股东承继。实务中，可能存在的历史遗留税务问题通常包括假发票、纳税申报不合规、偷税、欠缴税款等。如果收购方与原股东在收购合同中未涉及历史遗留税务问题处理的事项，由税务稽查带来的经济损失只能由新股东承担
税务架构风险	对于跨境并购而言，公司架构税务筹划尤其重要，由于不同国家（地区）之间适用不同的税收政策，并购架构会引发迥异的税负差异
交易方式缺税务规划的风险	并购重组交易方式，可归纳为股权收购和资产收购两种，其中，股权交易被收购公司的税务风险将会被新股东承继，资产交易则不会。同时，选择资产交易将面临动产及不动产产权变动而带来的增值税、营业税以及土地增值税等税负。相比较而言，股权交易一般不需要缴纳流转税以及土地增值税

续 表

类型	内容
未按规定申报纳税的风险	2011 年以来，资本交易一直是国家税务总局稽查的重点，包括对收入项目和扣除项目的检查。与此同时，针对间接股权转让发起的反避税调查也越来越频繁，涉案金额巨大案件频出。国家税务总局下发《关于加强股权转让企业所得税征管工作的通知》（税总函〔2014〕318 号），通知中提出了“对股权转让实施链条式动态管理”“实行专家团队集中式管理”“加强信息化建设”等做法，文化企业在并购重组中，股权转让税务合规性风险会继续提高
特殊税务处理不合规的风险	特殊性税务处理可以实现递延纳税的效果，节约现金流。按规定，企业并购重组适用特殊性税务处理要满足“没有避税的目的”“收购资产或股权要大于 75%”“股权支付额不低于整个交易的 85%”等五个方面的条件，同时，符合条件的企业需要到税务机关进行备案。实务中，有的企业符合上述五大条件，但没有备案，后续也未做纳税申报，这种情况被税务局发现会认定为偷税。国务院颁发的《关于进一步优化企业兼并重组市场环境的意见》（国发〔2014〕14 号）提出“降低收购股权（资产）占被收购企业全部股权（资产）的比例限制，扩大特殊性税务处理政策的适用范围”，对于计划并购重组的文化企业，这一政策有望使更多并购重组文化企业适用特殊性税务处理
间接股权转让被纳税调整的风险	近几年，国家税务总局国际司针对间接股权转让的纳税调整案件越来越多，最为常见的情形为境外公司通过转让香港控股“空壳”公司的股权转让内地子公司的股权。根据国家税务总局《关于加强非居民企业股权转让所得企业所得税管理的通知》（国税函〔2009〕698 号），在非居民企业通过转让一家非居民中间控股公司的股权而间接转让其中国居民公司股权的情形下，如果该中间控股公司的存在仅仅为规避纳税义务而缺乏商业实质，中国税务机关可以运用一般反避税原则来否定该中间控股公司的存在

2. 控制税务风险的三大步骤

针对上述六大并购重组风险，企业在并购重组过程中可以通过三大步骤去控制并化解潜在税务风险（见表 5－6）。

表 5－6 企业化解并购潜在风险的步骤

步骤	内容
并购重组前积极调查企业资产税务情况	在并购重组前积极进行税务尽职调查，及时识别并购公司隐藏的致命税务缺陷，以便及时做出判断：交易是否要继续下去，是否需要重新评估交易价格。同时，通过税务尽职调查，也有利于收购方全面了解被收购方的真实营运情况，发现未来税务优化的机遇等
规划税务架构与交易方式	企业并购重组中应结合公司战略、经营情况，选择最优并购重组税务架构及交易方式，如通过事前规划争取进行特殊性税务处理，可以节约一笔巨额现金流，保证并购重组的顺利进行
提升税务风险管理水平	资本交易项目是目前税务稽查的重点，按照相关文件要求，及时申报纳税，也是企业需要切实做好的一项基本税务管理工作

企业并购重组如何进行尽职调查

随着近年来中国企业并购，特别是外资并购大幕的拉开，并购作为企业投资的一种重要形式也越来越多地成为中国经济生活中备受瞩目的一道亮丽的风景。但是，在并购过程中，由于并购方的疏忽，往往会导致这样那样的纠纷，并给并购方带来损失。为了尽量减小和避免并购风险，在并购开始前对目标公司进行尽职调查是十分重要的。

尽职调查是一个非常广泛的概念，但有两种类型的尽职调查是非常重要的，一种是证券公开发行上市中的尽职调查；另一种是企业并购中的尽职调查。前一种尽职调查行为比较容易受到重视，这主要是因为我国法律法规对证券公开发行上市过程中各中介机构应承担的勤勉尽责义务有着严格的规定，为了保证自己出具的文件的真实性和可靠性，各中介机构会自觉地去进行尽职调查。但在企业并购中，特别是在善意收购中，尽职调查往往不能受到应有的重视。但是，作为能够核实目标公司资产状况的一个重要途径和有利机会，尽职调查应当为买方公司所重视并由各中介机构采取积极的态度和措施加以落实，以便在并购开始前尽可能地了解更多的事实情况，同时避免对买方公司的利益造成损害。

1. 为什么要进行尽职调查

尽职调查的目的是使买方尽可能地发现有关他们要购买的股份或资产的全部情况，也就是那些能够帮他们决定是否继续进行并购程序的重要事实。买方需要有一种安全感，他们需要知晓所得到的重要信息能否准确地反映目标公司的资产和债务情况。

从买方的角度来说，尽职调查也就是风险管理。对买方和他们的融资者来说，并购本身存在着各种各样的风险，诸如，目标公司所在国可能出现的政治风险；目标公司过去财务账册的准确性；并购以后目标公司的主要员工、供应商和顾客是否会继续留下来；相关资产是否具有目标公司赋予的相应价值；是否存在任何可能导致目标公司运营或财务运作分崩离析的任何义务。

卖方通常会对这些风险和义务有很清楚的了解，而买方则没有。因而，买方有必要通过实施尽职调查来补救买卖双方在信息获知上的不平衡。一旦通过尽职调查明确了存在哪些风险和法律问题，买卖双方便可以就相关风险和义务应由哪方承担进行谈判，同时买方可以决定在何种条件下继续进行收购活动。

2. 如何进行尽职调查

尽职调查的范围很广，调查对象的规模亦千差万别，从仅有一间房屋的私营企业到办公地点遍及世界各地的跨国企业。每一个尽职调查项目均是独一无二的。

对于一项大型的涉及多家潜在买方的并购活动来说，尽职调查通常需经历以下程序：

（1）由卖方指定一家投资银行负责整个并购过程的协调和谈判工作。

（2）由潜在买方指定一个由专家组成的尽职调查小组（通常包括律师、会计师和财务分析师）。

（3）由潜在买方和其聘请的专家顾问与卖方签署“保密协议”。

（4）由卖方或由目标公司在卖方的指导下把所有相关资料收集在一起并准备资料索引。

（5）由潜在买方准备一份尽职调查清单。

（6）指定一间用来放置相关资料的房间（又称为“数据室”或“尽职调查室”）。

（7）建立一套程序，让潜在买方能够有机会提出有关目标公司的其他问题并能获得数据室中可以披露之文件的复印件。

（8）由潜在买方聘请的顾问（包括律师、会计师、财务分析师）做出报告，简要介绍对决定目标公司价值有重要意义的事项。尽职调查报告应反映尽职调查中发现的实质性的法律事项，通常包括根据调查中获得的信息对交易框架提出建议及对影响购买价格的诸项因素进行的分析。

（9）由买方提供并购合同的草稿以供谈判和修改。

相比之下，对于规模较小的交易而言，上述程序可以简化。通常，卖方（或者目标公司自身）会自行协助买方获得和审查相关文件资料，而不用聘请投资银行来进行协调工作。卖方可能不会将所有资料放在数据室中，而根据实际情况按照买方的要求提供资料。在这种情况下，买方可准备一份详细的清单索要有关资料，直到尽职调查完成以后并且各方已就交易的基本条件达成一致，方可进行并购合同的草拟阶段。

3. 尽职调查过程中遵循的原则

在尽职调查开始之前，买方的顾问应遵循以下几项原则（见表5-7）。

表5-7 尽职调查之前买方顾问应遵循的原则

原则	内容
重点性	当开始一项尽职调查时，买方必须明确其尽职调查的目标是什么，并向专家顾问清楚地解释尽职调查中的关键点
重要性	买方和卖方的律师要明确在进行尽职调查的过程中什么层次的资料和消息是重要的，并确定尽职调查的过程着重于买方所要达到的目标及从中发现有关法律事项。这一过程将明确可能影响交易价格的各种因素
保密性	在买方开始接触任何资料之前，卖方通常需要涉及尽职调查的人承诺对其获得的资料和信息保密，特别是那些接触秘密信息的人员。但是，保密协议应当允许买方和其顾问就保密信息进行全方位的讨论并提出建议
支撑性	在一个大型的尽职调查活动中，买方通常应促使自己的雇员和顾问及其他专家一起实施调查，更为重要的是，要维持一个有序的系统，以确保整个尽职调查过程协调一致并始终专注于买方订立的目标

4. 法律尽职调查的内容和尽职调查报告的撰写

通常情况下，法律尽职调查应囊括以下几个方面：

①相关资产是否具有卖方赋予的价值。

②卖方对相关资产是否享有完整的权利。

③相关资产有无价值降低的风险，特别是其中是否有法律纠纷。

④有无对交易标的产生负面影响的义务，如税收义务。

⑤隐藏或不可预见的义务（如环境、诉讼）。

⑥企业资产控制关系的改变是否影响重要协议的签订或履行。

⑦有无不竞争条款或对目标公司运营能力的其他限制。

⑧主要协议中有无反对转让的条款。

⑨有无其他法律障碍。

下列因素亦应引起足够重视：相关交易行为是否需要取得任何政府部门的批准或第三方同意；目标公司或资产的商业运营是否有法律限制；并购是否会导致目标公司对员工的任何义务（如养老金、退休金以及技术上的补偿）。

在完成资料和信息的审查后，买方聘请的法律顾问将为买方提供一份尽职调查报告。法律尽职调查报告一般包括如下内容：

①买方对尽职调查的要求。

②律师审查过的文件清单，以及要求卖方提供但未提供的文件清单。

③进行尽职调查所做的各种假设。

④出具尽职调查报告的责任限制或声明。

⑤对审查过的资料进行总结，对所涉及的法律事项以及所有审查过的信息所隐含的法律问题的评价和建议。

法律尽职调查报告应准确和完整地反映其所依据的信息。法律尽职调查有助于交易合约的准备和谈判，对买方来说，在起草任何协议，特别是做出任何保证之前完成尽职调查更为有利。在调查中发现的风险和法律事项可能影响交易的框架，通过事先察觉风险和法律问题的存在，相关问题可以在协议中得到妥当处理，以免使其在交易完成后成为争议的标的。

解读证监会发布上市公司新政

2015 年 8 月 31 日，证监会等四部门发布《关于鼓励上市公司兼并重组、现金分红及回购股份的通知》（以下简称《通知》），该《通知》细化了上市公司兼并重组的细则。下面对此予以整理介绍和解读。

1. 上市公司兼并重组、现金分红及回购股份新规

对于上市公司兼并重组，《通知》有以下6项新规：

（1）大力推进兼并重组市场化改革。全面梳理上市公司兼并重组涉及的审批事项，进一步简政放权，扩大取消审批的范围。优化兼并重组市场化定价机制，增强并购交易的灵活性。

（2）进一步简化行政审批程序，优化审核流程。完善上市公司兼并重组分类审核制度，对市场化、规范化程度高的并购交易实施快速审核，提高并购效率。

（3）鼓励上市公司兼并重组支付工具和融资方式创新。推出上市公司定向可转债。鼓励证券公司、资产管理公司、股权投资基金以及产业投资基金等参与上市公司兼并重组，并按规定向企业提供多种形式的融资支持，探索融资新模式。

（4）鼓励国有控股上市公司依托资本市场加强资源整合，调整优化产业布局结构，提高发展质量和效益。有条件的国有股东及其控股上市公司要通过注资等方式，提高可持续发展能力。支持符合条件的国有控股上市公司通过内部业务整合，提升企业整体价值。

（5）加大金融支持力度。推动商业银行积极稳妥开展并购贷款业务，扩大贷款规模，合理确定贷款期限。鼓励商业银行对兼并重组后的上市公司实行综合授信。通过并购贷款、境内外银团贷款等方式支持上市公司实行跨国并购。

（6）各有关部门要加强对上市公司兼并重组的监管，进一步完善信息披露制度，采取有效措施依法打击和防范兼并重组过程中的内幕交易、利益输送等违法违规行为。

对于上市公司现金分红，《通知》出台了以下4项新规：

（1）上市公司应建立健全现金分红制度，保持现金分红政策的一致性、合理性和稳定性，并在章程中明确现金分红相对于股票股利在利润分配方式中的优先顺序。具备现金分红条件的，应当采用现金分红进行利润分配。

（2）鼓励上市公司结合本公司所处行业特点、发展阶段和赢利水平，增加现金分红在利润分配中的占比，具备分红条件的，鼓励实施中期分红。

（3）完善鼓励长期持有上市公司股票的税收政策，降低上市公司现金分红成本，提高长期投资收益回报。

（4）加大对上市公司现金分红信息披露的监管力度，加强联合执法检查。

对于上市公司回购股份注意事项，《通知》出台了以下 3 项新规：

（1）上市公司股票价格低于每股净资产，或者市盈率或市净率低于同行业上市公司平均水平达到预设幅度的，可以主动回购本公司股份。支持上市公司通过发行优先股、债券等多种方式，为回购本公司股份筹集资金。

（2）国有控股上市公司出现上述情形时，鼓励其控股股东、实际控制人结合自身状况，积极增持上市公司股份，推动上市公司回购本公司股份，有能力的，可以在资金方面提供必要支持。

（3）上市公司回购股份应当遵守《公司法》等法律法规，并依法履行内部决策程序和信息披露义务。上市公司的董事、监事和高级管理人员在回购股份活动中，应当诚实守信、勤勉尽责。

《通知》强调指出：在上市公司实施兼并重组、现金分红及回购股份活动中，各相关部门应当按照便利企业的原则，给予积极指导、支持，并依法合规做好监督工作。

2. 《通知》新政解读

首先，《通知》新政释放制度红利，提升了资本市场的效率和活力，体现在以下两方面：

（1）兼并重组的政策环境得到改善。与此前国家下发实施的关于兼并重组的相关政策相比，新政强调简政放权，进一步简化行政审批程序，扩大并购重组取消行政审批的范围，通过各种安排提高了审核效率。

（2）投资者回报机制得到优化。新政要求上市公司建立健全现金分红制度，通过完善税收政策降低现金分红成本。此外，政策还鼓励上市公司回购股份。投资者回报机制得到优化。

其次，《通知》新政让相关行业有望获得相对收益，体现在以下三方面：

（1）资源类、装备类受益于整合环境的改善。资源类、装备类行业产业集中度不高，存在恶性竞争、产能过剩情况，核心竞争力与国际同行业的大型企业存在一定差距，整合预期较强。其中，资源类的水泥、玻璃、钢铁、煤炭、有色、冶金行业受益。装备类的电力设备、海洋船舶、重工等行业受益。

（2）现金流丰厚的大消费龙头公司受益于分红预期的增强。政策鼓励上市公司现金分红，而大消费类的龙头公司现金流丰厚，分红预期增强。食品饮料、家电、纺织服装、商贸零售及休闲服务等行业有望受益。

（3）银行受益于回购预期的增强。政策鼓励上市公司在股价破净时回购股份。以 2015 年 9 月 1 日收盘价计算，16 家上市银行的算数平均市净率为 1.097，中国农业银行、光大银行股价破净。银行业整体的回购预期增强。

企业重组中的文化重组整合

企业文化，作为企业内鼓舞士气、加强沟通、优化管理的核心因素，

对企业重组的成功起着极为重要的作用。任何一个成功的企业，必然有一种良好的企业文化，在企业重组时，企业文化的变迁是不可避免的，管理者应该把握这种变迁的方向，并且有意识地将它塑造成一种理想的模式，这就是我们所说的文化整合的含义，即将若干种不同的文化质，经过合并、分拆、增强、减弱等方式，形成一种新的文化质。

1. 企业重组中文化整合的类型

企业重组中文化整合包括以下3种类型（见表5－8）：

表5－8　　企业重组中文化整合的类型

类型	内容
文化注入式	如近年来海尔集团进入低成本快速扩张期，海尔兼并亏损企业时，首先派去的是企业文化部的人员。海尔首先将自己的一整套企业文化输入到被兼并企业中去。其中包括“用户永远是对的”“用户是衣食父母”的服务观念，“高标准、精细化、零缺陷”“质量是永恒的主题”的质量观念，“高质量的产品是高质量的人干出来的”“人人是人才”的人才观念等。由于这些先进文化理念的输入和一整套文化模式的改组，被兼并企业职工的思想水平提高、斗志高涨，企业的生产经营水平也有了大幅度提高。大多数被兼并企业都能在1～2年内扭亏为盈。这种文化整合方式通常发生在弱文化受到一种强文化的冲击、强文化能够将弱文化彻底取而代之的时候
文化融合式	这种方式表现为将几种势均力敌的企业文化有机融合起来，形成一种新文化。如由中国邮电工业总公司、比利时阿尔卡特公司、贝尔公司和比利时王国政府合作基金会合资建立的上海贝尔公司在建立之初，各方就本着互惠互利的原则，加强沟通，精诚合作，逐步形成了全新的“团结、奋进、为大家”的贝尔文化；并且由于灵活多样的促销和优质的服务、良好的用户沟通等因素，企业获得了巨大成功

续 表

类型	内容
文化促进式	当一种强文化受到一种弱文化的冲击时，强文化能够保持基本模式不变，价值观念体系也相对稳定。但是毕竟由于引入了一种新文化，使原有文化的功能更齐全、结构更完善。例如华北制药集团，1993 年起陆续和日本、美国、德国、中国香港地区的一些公司联手，建立了 16 家合资公司。在这些新公司中，华药人继续秉承“人类健康至上，质量永远第一”的原有文化，把国有企业中原有的一些文化优点和文化特色保持下来，又吸收了外资企业高度重视市场开发和销售领先的管理文化，产品质量稳步提高，市场抽验合格率连续几年均保持 100%，同时又连续不断有新的品种问世，取得了良好的经济效益

2. 企业重组中文化整合的内容

按照文化要素对象的不同，文化整合的工作可以从以下几方面做起（见表5－9）。

表5－9　　文化整合的工作内容

对象	工作内容
价值观念整合	重组的若干个不同企业必然带有不同的价值观，具体表现在企业员工对企业目标、企业的市场形象、员工成功的标准等问题有不同的看法。重组后，应当通过宣传动员，将这些不同的看法规范为一种新的适应企业发展战略的统一的价值观。价值观的整合是问题的关键。如果一个企业的员工在思想认识上存在很大的分歧，就无法达到协同合作的要求，无法实现资源的优化配置
制度文化整合	制度文化是企业文化的一个重要方面。企业重组后，应当按照分工协作的要求，建立一套新的规章制度。这些制度应是整合后企业价值观的具体贯彻，同时又可从硬约束的角度与其他各种软约束因素共同强化新文化在员工层面实现上的积淀

续 表

对象	工作内容
物质文化整合	物质层面的一些文化要素能够进一步强化企业员工的协同感和对企业深层观念文化的理解，所以这方面的工作并非可有可无。企业统一的服装使员工产生纪律感和归属感，而个性各异的服饰则会激发员工创作欲。此外，企业的商标、标志物、厂房车间、工作环境、娱乐场所等物质因素，都与企业文化的其他要素一起，逐步在员工思想上发挥影响。由此，新的企业文化就渐渐在员工心中生根发芽了

3. 文化整合的方法

企业重组中文化整合的方法可遵循以下步骤进行（见表5－10）。

表5－10　　文化整合的方法

步骤	内容
历史状况研究	企业重组后，企业管理人员要深入调研原企业文化的特征、强弱及作用。只有基于对原有企业文化的清醒认识，开展新文化建设的工作才能有的放矢、落到实处。这种调研应当首先从企业表层的物质文化开始，然后逐步深入到制度文化、行为文化和观念文化诸层次。对于具体的历史文化状况研究，应当深入到员工的具体生产、工作中去，这样才能获得宝贵的第一手资料，从而避免主观臆断，也可从企业发展的历史轨迹中寻找答案
确定企业发展的理想模式	企业管理人员应对整合后的企业文化状况有一个初步的构想。而且这种企业文化应当符合社会时代大背景，还要与企业生产经营的宏观、微观环境相适应。具体可首先从企业价值观入手，企业价值观是一个企业基本观念和信念的体系，它是评价企业的经营行为、提供的产品、企业员工的职责等的总的看法。为了便于在员工中推广和宣传，可以将企业价值观用精练准确的语言表达出来，即企业精神。围绕着企业价值观和企业精神，就可以确定未来企业的发展目标、企业制度、企业道德、企业文化礼仪诸要素。需要说明的是，整合后的企业文化是重组前文化的扬弃，因而确定未来企业文化发展的理想模式，必然是基于对企业历史文化状况的科学认识和判断

续 表

步骤	内容
立足实际、弥补差距	在确定了未来企业文化发展的方向后，下一步工作就是大力推行。具体实践中可采取多种形式，如举行各种文化仪式、制订新的员工行为规范和规章制度、改变原有的组织结构、再造企业内部的工作流程和开展技术竞赛等。在企业新文化的贯彻中，要注意领导带头、培养典型；要以人为本、发动群众；应当使物质激励与精神激励相结合，这样文化整合才会卓有成效

第六章　善战者，致人而不致于人

——控股参股实务

《孙子兵法》中说："善战者，致人而不致于人。"致人，调动敌人，掌握了主动权；致于人，被敌人调动，陷于被动地位。意思是说，善于打仗的人，能调动敌人而不被敌人调动。这句话强调在战场上要把握主动权调动敌人，而不能被敌人调动。在这里，孙子是就"劳逸"这一对关系而言的。"致人而不致于人"的内涵，不仅是用兵的最高法则，也是企业资本运营中控股、参股的上上之法。事实上，控股也好，参股也罢，企业还是企业，不仅要保持相对的独立性，也要争取相应的权益；而对于国有投资控股公司来说，更应该把握个中窍门，这有利于在我国国有经济发展中发挥出更大的作用。

控股与参股及其基本形式

通常来说，控股是指在被投资企业中拥有多数股权（这里多数股权可指绝对多数，即大于或等于50%；亦可指相对多数，即持股比例可能低于50%，但依然是所有股东中持股最多的一个）；参股只是说在被投资企业中有投资，并未突出强调所占股权比例及是否有控制权或实际影响力。

1. 控股及其基本形式

控股，指某一机构持有股份达到50%以上或足以控制该股份公司的经营活动，而对该公司进行控制。根据持有股份情况及控制方式可分为绝对控股、相对控股和间接控股。

绝对控股，是指股东出资额占有限责任公司资本总额50%以上或者其持有的股份占股份有限公司股本总额50%以上。

相对控股，是指在企业的全部实收资本中，某经济成分的出资人拥有的实收资本（股本）所占的比例虽未大于50%，但根据协议规定拥有企业的实际控制权（协议控股）；或者相对大于其他任何一种经济成分的出资人所占比例（相对控股）。

间接控股，是指未直接持有公司股份而是通过其直接控股或间接控股的子公司或孙公司持有或合计持有该公司50%以上股份的方式，获得对该公司的财务和经营方针控制权的股东。另外，尽管没有达到50%以上股份，但在股权分散、且明显领先第二大股东的时候，也是控股股东。

间接控股有以下两种形式（见表6－1）。

表6－1　　间接控股的两种形式

形式	内容
“父、子、孙”结构	即母公司直接拥有子公司甲80%的股份，子公司甲又直接拥有它的子公司乙70%的股份，则母公司间接拥有子司乙56%的股权（80%×70%），子公司乙的少数股权为44%，所以，母公司不仅要将子公司甲，而且还应将子公司乙纳入合并范围。在这一结构下，是否应将间接持股的孙公司纳入合并范围并不取决于控股方式和实际持有的股份比例，而是取决于母公司能否对间接持股的企业进行控制。因此，即使上例改为子公司甲只拥有其子公司乙60%的股份，则母公司在子公司乙中间接拥有48%（80%×60%）的股份，子公司乙的少数股权则占52%，此时仍需将子公司乙纳入合并范围。因为，母公司控制了甲，而甲又控制了乙，母公司间接控制了乙。可采用自下而上、层层递进的方式，编制出合并会计报表
连属结构	母公司持有另一家公司（乙）的股份虽未达到半数以上，但通过其子公司（甲）持有乙公司的股份，累计已达到半数以上的股份，由此而形成的企业集团结构。例如，母公司直接拥有子公司乙20%的股权，又间接拥有子公司甲32%（80%×40%）的股份，母公司共拥有子公司乙52%的股份，其余48%中有40%被少数股东拥有，8%（20%×40%）间接地被子公司甲的少数股东所拥有。母公司与子公司甲的合并报表编制与直接控股基本相同，子公司乙的股东权益及股利分派应与母公司的长期股权投资和子公司甲的长期股权投资及投资收益等项目一并抵消

2. 参股及其多样化形式

参股，指掌握一定数量的股份，以控制公司的业务。简单地说是持有某公司一定数量的股权，但因为持股数量较少（例如持股比例不超过50%，或不是第一大股东），因此并不成为被持股公司的控股股东。

我国目前参股形式表现多样化（见表6－2）。

表 6－2　　我国目前参股形式

形式	内容
企业、社会参股	它包括：各企业集资入股，组成实力雄厚的股份公司；有关企业之间互相参股，形成密切的经济联合；社会向企业参股
职工投资参股	它包括：完全的职工投资入股，如一些民办企业，属于股份形式的社会主义集体所有制；企业招股，即国家股份为主，职工股份为副，属于以社会主义公有制为主体的共同所有制，它对保证劳动者自觉关心企业经营和积极参加企业民主管理具有促进作用。此外还有职工劳动参股形式
中外合资	这种形式具有社会主义初级阶段中国家资本主义的性质，属于社会主义范畴

以上各参股形式，有的单独存在于某股份公司，有些则同时存在于一个股份公司，后者更体现了股份公司这种企业形式在社会主义初级阶段中在筹资和经营管理方面的多样化和灵活性。

控股公司的特点及成立条件

控股公司是指通过持有某一公司一定数量的股份，而对该公司进行控制的公司。控股公司不但拥有子公司在财政上的控制权，而且拥有经营上的控制权，并对重要人员的任命和大政方针的确定有决定权，甚至直接派人去经营管理。控股公司按控股方式，分为纯粹控股公司和混合控股公司。纯粹控股公司不直接从事生产经营业务，只是凭借持有其他公司的股份，进行资本营运。混合控股公司除通过控股进行资本营运外，也从事一些生产经营业务。

1. 控股公司的特征和优点

控股公司作为现代企业的一种组织形式，既具有公司制的特征，又与其他公司形式有所区别，其特征和优点如下（见表6－3）。

表6－3　控股公司的特征和优点

特征和优点	表现
具有相当的经济规模	控股公司不同于一般的公司，它是一个企业集合体，是一般公司发展到相当规模的结果。因为一家公司要对其他公司形成控股关系，必须拥有相当的实力，控股公司组建后，也就必然形成比单个公司更为强大的经济实体，所以国际上著名的大公司基本上都是控股公司，国内优秀的一些公司也正向控股经营方向发展
以资产为纽带联系企业	控股公司是国外通常采用的一种产权经营组织。它不同于一般直接从事商品生产的企业，也不是简单的产品协作关系或企业间的合作关系，而主要是通过控股的形式，以股权关系为基础从事公司的产权管理和经营，或以参股、控股或相互持股等形式去推动该集团的商品经营。实际上，这些控股公司形成了以资产关系为纽带的企业集团。控股公司体制是一种十分便捷、有效的企业集中，即组建企业集团的方式。控股公司依据所有权凭证——股份，不仅享有其他公司的股息，而且按其拥有的多数股的比例对其他公司的决策施加影响，行使股东权利
被控股公司具有法人资格	控股公司的另一个重要特点是母公司与被控股子公司之间在法律上形式上彼此法人人格独立，并以资本的结合为基础而采用董事兼任制。这是控股公司与事业部制的重大区别。事业部制虽然是大公司所采取的高度分权的体制，但每个事业部一般无法人人格。而控股公司中都为独立法人，形成公司内的公司，每个子公司都是利润管理的彻底分权化的单位，具有独立的经营管理机构，并独自负有利润责任，拥有独立筹资能力
具有整体性	尽管控股公司的母公司与子公司均为独立的法人实体，可以各自独立承担民事责任，享有民事权利，但事实上，由于母公司掌握了子公司的控股权，子公司的重大决策基本上由控制子公司董事会的母公司决定，所以子公司的行为势必体现母公司的意志，子公司的行为要受母公司的规范。这样事实上控股公司必然形成一个整体有自己的整体利益。因而，世界各国的大型控股公司都在不同程度上制订统一的发展战略，以整体优势参与经济竞争

续 表

特征和优点	表现
实行多元化经营	控股公司财力雄厚，为了加速资产增值，减少市场风险，普遍采用多元化经营战略，进入市场经济的多种领域，产品注重系列化和多元化，因而竞争发展能力较强
具有相当的融资能力	控股公司的母公司必须具有相当的筹资融资能力和控制内部资金能力，这样才能形成统一集中的财力和信贷，有能力调整内部结构，支持重点产品和重点企业的发展，并通过资金的再投入与滚动运作，加速公司发展

控股公司这一独特的组织形式还具有以下优点：大量节约集团化所需资金；企业结合关系容易建立（只需购买股份，单方面就建立起结合关系）；法人人格彼此独立，有利于分散风险；获得企业发展的规模经济效益；提高母公司的知名度和活力以及法律税收方面的利益等。由于控股公司具有以上的特征和优点，因而成为世界大公司发展的重要组织形式和趋势。

2. 成立控股公司的要求

根据国资委的规定，控股公司没有诸如资本金数额等门槛。控股公司不是一个务虚的公司，而是必要的公司形态，它在资本管理链条中是一个十分重要的环节，它的管理内容也是实实在在的。

控股公司的管理通过股东会、董事会和监事会等公司章程中明确的程序进行。作为产业集团型控股公司，既不能等同于“上级单位”，但又要确实行使大股东职责，还要完成国家和上级部门交给的管理任务，因而它的管理特点是：第一，国家大型产业公司要代表所有子公司与国家相关部门对接；第二，通过控股方式形成产权关系，要形成比较完善的股东会、董事会、监事会等公司治理结构；第三，作为大股东要在宏观上为其子公司在战略、投资、人力资源等各方面进行把关，这是个不可缺位的工作。

成立控股公司，要求具备一定的条件（见表6－4）。

表6－4　　成立控股公司的条件

条件	内容
控股条件	满足下列条件之一者即为控股公司：控制另一法人公司的董事局的组成；控制另一法人公司的过半数的表决权；控制另一法人公司过半数的已发行股本，在所持股本中如部分在分派利润或资本时无权分享超越某一指明数额之数，则该部分不计算在该股本内；另一法人公司是该公司的附属公司的附属公司
注册资本	国家工商总局核准的控股公司：注册资本在5000万元以上（母公司应为公司制企业；核心企业注册资本金在1亿元人民币以上的，可以是非公司企业法人）；具有5家控股子公司；母公司（控股公司）和子公司（被控股公司）的注册资本总和在1亿元以上 冠省名的控股公司：注册资本1000万元以上，并拥有3个以上控股子公司，且母子公司注册资本合计2000万元以上；注册资本1000万元，并拥有3个以上控股子公司，且母子公司注册资本合计2000万元以上；控股公司注册资本3000万元以上，并拥有4个以上控股子公司，且母子公司注册资本合计5000万元以上的其他各类集团

3. 控股公司设立的程序

设立控股公司需依次遵循以下程序：

（1）首先由律师审查外国投资者是否具备在中国设立控股公司的条件。如果控股公司是以中外合资的形式设立的，还要审查中国投资者是否也具备条件。由于中国各地的税收不同，所以还必须先确定在何处设立控股公司。

（2）把外国投资者（母公司）的情况和该外国投资者在中国境内已设立的外商投资企业的情况制成材料，由律师审查后，报送对外贸易经济合作部确认。

（3）外国投资者符合设立控股公司条件的，由律师负责为外国投资者准备以下文件：设立合资的控股公司的项目建议书、投资各方签署的可行性研究报告、合同、章程；设立独资的控股公司的外国投资者签署的项目建议书、外资企业申请表、可行性研究报告、章程；投资各方的资信证明文件、注册登记证明文件（复印件）和法人代表证明文件（复印件）；外国投资者已投资企业的批准证书（复印件）、营业执照（复印件）和中国注册会计师出具的验资报告（复印件）；投资各方近三年的资产负债表；商务部要求的其他文件。

（4）上述文件准备完毕后，外国投资者应将所有文件呈报拟设立控股公司所在地的省、自治区、直辖市、计划单列市外经贸部门审核同意，然后再报商务部审查批准。在审批期间，外国投资者应在律师的协助下不断与上述审批部门进行会谈和磋商，对文件进行修改，直至最后获得批准。

（5）拟设立控股公司所在地的省、自治区、直辖市、计划单列市外经贸部门在收到外国投资者报送的全部文件后一般 15 个工作日内审核完毕。经审核同意的，报送商务部审查。外经贸部认为需要修改的，应退回修改。商务部最迟应当在收到全部上报文件后 90 天内做出批准或不批准的决定。

（6）以中外合资方式设立控股公司的，应由中国投资者和外国投资者共同进行控股公司的设立程序。

如何入股已创立的公司

如果公司在发展的过程中有新的股东加入，如何计算公司的价值以及他应当占有多少股份呢？下面给出解决的方法和步骤。

1. 了解入股条件

首先应该确定新加入的股东是准备用现金、实物（仪器、设备等）还是技术入股。除现金外，实物或技术应通过评估先确定价值。如果新加入者投入的是现金，可采取增加原公司的注册资本和原股东转让其部分投资而保持原注册资本不变两种参股方式。

2. 商定入股方式并据《公司法》操作

由原公司的全体股东形成决议，同意不同意接受新股东加入及采用哪种方式。这方面可参照《公司法》的有关条款（见表6－5）。

表6－5　《公司法》有关入股方式的条款

条款	内容
第三十三条	股东按照出资比例分取红利。公司新增资本时，股东可以优先认缴出资
第三十四条	股东在公司登记后，不得抽回出资
第三十五条	股东之间可以相互转让其全部出资或者部分出资。股东向股东以外的人转让其出资时，必须经全体股东过半数同意；不同意转让的股东应当购买该转让的出资，如果不购买该转让的出资，视为同意转让。经股东同意转让的出资，在同等条件下，其他股东对该出资有优先购买权
第三十六条	股东依法转让其出资后，由公司将受让人的姓名或者名称、住所以及受让的出资额记载于股东名册

如果是采用增加公司注册资本的方式，应该先将公司的资产进行评估，然后将公司评估后的资产和新投入的资金相加的总资产作为新的注册资本，按照新投入资金与评估后公司资产的比例确定新加入股东的股份比例。

如果采用新股东受让原股东投资的方式，应由原股东协商谁愿意出让手中的投资。原股东既可以出让部分投资减少投资比例，也可以出让全部投资退出股东会。这些都应该由原股东之间进行协商。

如果原股东同意新股东用实物或技术入股，也应先进行评估后再按照规定操作。这方面可参照《公司法》的有关条款（见表6－6）。

表6－6　　《公司法》有关实物入股的规定

条款	内容
第二十四条	股东可以用货币出资，也可以用实物、工业产权、非专利技术、土地使用权作价出资。对作为出资的实物、工业产权、非专利技术或者土地使用权，必须进行评估作价，核实财产，不得高估或者低估作价。土地使用权的评估作价，依照法律、行政法规的规定办理。以工业产权、非专利技术作价出资的金额不得超过有限责任公司注册资本的20%，国家对采用高新技术成果有特别规定的除外
第二十五条	股东应当足额缴纳公司章程中规定的各自所认缴的出资额。股东以货币出资的，应当将货币出资足额存入准备设立的有限责任公司在银行开设的临时账户；以实物、工业产权、非专利技术或者土地使用权出资的，应当依法办理其财产权的转移手续。股东不按照前款规定缴纳所认缴的出资，应当向已足额缴纳出资的股东承担违约责任
第二十六条	股东全部缴纳出资后，必须经法定的验资机构验资并出具证明

新增股东操作的手续和新设立公司相近似。这方面可参照《公司法》的有关条款（见表6－7）。

表6－7　　《公司法》有关新增股东操作手续

条款	内容
第三十七条	有限责任公司股东会由全体股东组成，股东会是公司的权力机构，依照本法行使职权
第三十八条	股东会行使下列职权：（一）决定公司的经营方针和投资计划；（二）选举和更换董事，决定有关董事的报酬事项；（三）选举和更换由股东代表出任的监事，决定有关监事的报酬事项；（四）审议批准董事会的报告；（五）审议批准监事会或者监事的报告；（六）审议批准公司的年度财务预算方案、决算方案；（七）审议批准公司的利润分配方案和弥补亏损方案；（八）对公司增加或者减少注册资本做出决议；（九）对发行公司债券做出决议；（十）对股东向股东以外的人转让出资做出决议；（十一）对公司合并、分立、变更公司形式、解散和清算等事项做出决议；（十二）修改公司章程

续表

条款	内容
第三十九条	股东会的议事方式和表决程序，除本法有规定的以外，由公司章程规定。股东会对公司增加或者减少注册资本、分立、合并、解散或者变更公司形式做出决议，必须经代表三分之二以上表决权的股东通过
第四十条	公司可以修改章程。修改公司章程的决议，必须经代表三分之二以上表决权的股东通过
第四十一条	股东会会议由股东按照出资比例行使表决权

参股股东如何在操作层面争取权益

不少人都认为，参股公司就是建立联系、搞好关系、搭顺风车，从而享受因此而带来的直接或间接收益。事实并非如此。下面把参股公司如何体现权益、争取控制力作一简要梳理，以下各方面根据参股股东的可控性、可操作性高低进行排序。

1. 取得经营权

有些控股股东之所以要控股，尤其是要绝对控股，无论如何都要把自己的股权做到51%及以上，就是担心不控股就会失去对企业的控制力，这是最初始的朴实想法，因为总体上，我国的诚信环境和规范化运作还是远远不够，所以股东希望通过控股而达到对企业的控制。

但是，正如众所周知的一样，控股权不等于控制权。控股股东尽管控股，但可能由于摊子大、距离远、人才不够等诸方面的因素，事实上对于企业经营往往无能为力，此时，参股公司可以通过自身能力建设，打造人才队伍，获取企业的经营权，尽管过程中会投入更多的人力资源、时间精力，但这是确保自身权益，甚至是放大自己价值的最好的手段，也最可行。

2. 确保人员派驻权

在合资合作之初，即明确双（多）方在哪些岗位派出哪些人员，作为参股公司，要尽可能多地确保人员派驻权。比如，控股股东派出人员任董事长，参股方派出人员任总经理，意思就是要确保和尽可能多地争取人员派驻权，重大决策事项要实行联签制度。

3. 增加知情权

当参股公司无法取得企业经营权的时候，该怎么办？应该增加知情权，尽可能多地了解和掌握企业的运行情况。

一般来说，作为股东，参股股东具有对财务报表、董事会决议、监事会决议等方面的查阅权、知情权，但光有这些还不能有效确保参股股东的权益，因为我国大部分企业的报表真实性存疑，董事会、监事会决议具有滞后性。所以，在章程或规则中，尽可能多地列举股东知情事项。比如，增加公司投资动向、资金计划及使用情况、审计监察报告等。一方面参股股东有了解掌握这些事项的权力，另一方面要规定好时限，比如，董事会决议、公司投资动向、审计监察报告必须在几个工作日内抄报参股股东。

4. 放大投票权（否决权）

作为参股股东，在股东会上表达意见是最基本的权利，公司的股东会决议有普通决议和特别决议，普通决议需要 1/2 以上具有表决权的股东同意方可通过，特别决议需要 2/3 以上具有表决权的股东同意方可通过。在这方面，参股股东可以在合资合作之初，在公司章程等重要文件中，建议增加特别决议的事项，这样，对这些事项控股股东需要 2/3 以上方可通过，增加了通过门槛，降低了控股股东的控制力，间接地增加了参股股东的控制力，通过否决权曲折地放大了自己的投票权，对于那些控股股东股权未达到 2/3 以上，或者参股股东股权达到 1/3 以上的参股股东，非常有意义。

5. 培育关键资源能力控制权

没有控股权，没有经营权，那么需要在增加知情权和放大投票权的前提下，培育对关键资源的控制权。比如，合资合作生产厂家的原材料供应、核心技术控制在我方手里，房地产开发企业的政府关系、银行关系我方更为牢固，等等，都是参股股东通过掌握关键资源而增加对合资合作企业控制力和影响力的法宝。

这就要求参股股东要明确哪些是合资合作企业的关键资源，而自身需要对这些资源能力进行强化建设。

6. 利用第三方监督权，推动公司公众化

通过引入其他股东、引进战略投资者、推进企业上市等多种方式，使企业成为一个公众公司，通过其他外来压力，使得公司信息更加透明化，更加规范化。

7. 放弃控制权，只追求结果

如果你投资（参股或控股）一个公司，你的精力不足以去参与经营、了解情况，或者你根本不擅长去经营管理，那么放弃控制权，利用对赌协议等形式，只追求结果，未必不是一个好方法。正如大摩等公司，投资甚广，领域众多，此时，要求对方给予一定的固定回报，放弃过程中的控制，通常是一个简单而不失有效的好方式。

如何强化国有投资控股公司资本运营

作为国有投资体制改革的必然产物，国有投资控股公司对我国国有经济的发展起到了至关重要的作用。资本运营是国有投资控股公司成功的经营模式。目前我国国有投资控股公司在资本运营上还存在着一些问题。下面结合当前国有投资控股公司在资本运营中存在的一系列问题，从几个方面提出优化和完善国有投资控股公司资本运作的一些建议和对策，为我国国有投资控股公司进行资本运营提供借鉴。

1. 建立行业产业投融资平台

针对国有投资控股公司产业分散、产业整合难度大的问题，建立以政府资金为引导、以企业投入为基础、以社会资本为主体、以股市融资和境外资金为补充的多元化文化产业投资融资体系。

建立行业产业投融资平台是建立上述投融资体系的重要环节。通过这类平台的建立，能够以资本为纽带，运用市场化手段，通过兼并、重组、参股等多种运作方式，推动各类行业资源和资本的有效集聚和整合；通过对重点发展企业集团、资源开发项目以及新兴产业项目进行引导性、示范性的投资与运营，有利于实施重大项目带动战略，提高行业产业规模化、集约化、专业化水平；通过强化政府引导，充分发挥财政资金杠杆作用，有利于广泛吸引社会资本参与产业发展，拓宽国有投资控股公司的资本运营空间。

2. 适时建立行业产业投资基金

产业投资基金是一种对未上市企业进行股权投资和经营管理服务的集合投资制度。由政府出资吸引社会资金组建产业投资基金，有利于拓宽融资渠道，解决制约产业发展的资金瓶颈，作为政府引导社会资本进入行业产业领域的一种投资模式创新，它能将政府资金、境内外社会资本有机整合，在产业实体投资和金融资本之间建立直接的对接通道。

3. 国有投资控股公司资本运营组织保障

国有投资控股公司组织结构要跟随控股公司以资本经营为核心的战略定位和经营理念，组织结构的设计或调整要以资本运营为前提和基础，并为资本运营服务。根据国有投资控股公司资本运营的要求，在组织结构的完善方面，国有投资控股公司需要做好以下工作（见表6-8）。

表6-8　国有投资控股公司需要做好的工作

工作	内容
设立从事资本运作整体战略规划和研究的职能部门	该职能部门负责制定公司战略规划，对公司重要资源配置、投资结构优化和股权结构调整等资本运营方面的重大活动进行全面分析、掌控和筹划，为公司决策层提供准确翔实的分析报告和可行性方案，以实现公司资本结构的最优化和资本运作收益最大化；组织协调公司系统开展资本运营业务，在开展重大资本经营活动时，应切实担负起协调公司各职能部门工作关系和分配任务的重任；研究未来中国资本市场的发展，分析地区产业政策和公司的资产结构，寻求投资合作和资本转让伙伴；研究公司最佳融资渠道，重点加强对投资项目退出渠道和机制的探索和试验，为公司阶段性持股的经营理念服务
设立信息管理系统部门	资本运营工作是一个对信息化要求很高的业务领域，设置专门的机构负责信息工作，建立统一的信息系统平台，进行信息的搜集、整理、分析工作，及时掌握各个领域、各个产业乃至重点企业的信息资源，充分利用计算机和网络技术进行信息的分析处理，为资本运营的决策和实施提供保障。同时要通过信息系统平台，实现公司内部信息资源的交流与共享，使之成为资本运作过程中不可或缺的重要支持手段。资本运营工作也是对知识化要求比较高的行业，公司信息平台建立后，公司员工通过公司信息网络进行有针对性的培训、经验交流和学习，促进公司知识管理水平的提高和良好公司文化氛围的形成，有利于支撑和辅助国有投资控股公司的资本运营工作

4. 国有投资控股公司资本运营人力资源保障

国有投资控股公司遵循阶段性持股的资本运营理念，按照“股权投入—股权培育—股权退出”的运作程序，在动态调整股权结构和投资结构的过程中，优化公司资源配置，实现股权价值最大化和国有资产的保值增值。实现国有投资控股公司上述经营理念、程序和目标的关键在于系统的资本运营知识和经验，在一定程度上可以认为，国有投资控股公司资本经营的实质就是“知识经营”。因此，作为知识载体的人力资源是国有投资控股公司经营价值增值的源泉，也是国有投资控股公司最重要的资源和主要核心竞争力。公司人力资源管理，是国有投资控股公司资本运营业务能否顺利开展的重要环节，也是关系到国有投资控股公司生存和发展的关键因素。国有投资控股公司资本运营人力资源保障需做好以下几方面的工作（见表6－9）。

表6－9　国有投资控股公司资本运营人力资源保障的工作内容

工作	内容
建立科学的人才聘用和引进、培训、选拔、考核制度	本着以人为本的管理理念，为员工创造一个和谐的工作环境，建立具有竞争力的薪酬计划和激励性的职位晋升机制，实现待遇留人、事业留人、感情留人。应根据国有投资控股公司资本运营的性质和公司人力资源实际状况，确定重点引进和培养的人才类型。在现阶段，鉴于国有投资控股公司以股权作为主要经营对象，以股权的投资、经营与管理作为公司主业，因此通晓资本运营和现代公司管理知识，并具备丰富运作经验和创新观念的复合型人才是国有投资控股公司最为需要的
实行公正、公平、公开的选拔机制	随着形势任务的发展变化，国有投资控股公司从业人员知识老化、观念陈旧的问题日渐突出，迫切需要知识更新、观念更新。这就需要克服传统用人观念，充分引入竞争机制，坚持量才录用的原则，根据新的职能任务的要求，大胆使用具有资本运作专业背景的新人，给真正适应公司需要的创新性人才脱颖而出的机会

续　表

工作	内容
注重对内部人才的培养和使用	根据公司发展的现状，国有投资控股公司在积极实施人才引进战略的同时，应坚持“眼睛向内”，根据现阶段公司内部人员的素质和结构，按照“在培养中使用，在使用中培养”的原则，建立科学合理的人才培训开发机制。首先，根据学习型组织的思想和公司的发展战略，在国有投资控股公司内部组织有计划、有目标的学习和培训，明确每位员工培训的目标、任务、原则和内容，通过集中培训、专家讲座、员工自学和出国深造等多种形式，对全体员工进行证券、法律、信托、贸易、管理等资本运营领域的知识培训，做到理论联系实际，务求实效。其次，通过培训提高他们在资本运营方面的业务知识和理论水平，在实际工作中加强他们对资本市场的应变能力和驾驭能力，增强公司发展的后备力量
深化收入分配制度改革	国有投资控股公司须采取积极措施，深化收入分配制度的改革，建立科学有效的激励机制。首先，打破收入分配中的“大锅饭”，实行向优秀员工和骨干员工倾斜的薪酬机制。结合国有投资控股公司自身实际，实行以岗定薪、岗变薪变的岗位工资制度，根据不同岗位的重要程度和贡献大小确定不同的岗位工资。同时将员工薪酬与经营成果相挂钩，适应以经营绩效为主要依据的合理薪酬制度。其次，投资管理和资本运营是一个高度知识化的行业，需要大批高素质、复合型的优秀人才。在激烈的竞争中，国有投资控股公司要吸引人才、留住人才，必须实施具有竞争力的薪酬待遇政策，强化中高级管理人员的薪酬激励。这不但可以激励内部员工，挖掘潜能，施展才干，提高其工作积极性，体现待遇留人，而且可以有效地吸引聚集外部人才

5. 确定投资领域，优化投资结构

投资结构的优化调整是国有投资控股公司的资本运营基础。一个良性互补的投资结构是实现股权结构动态调整的前提，是公司阶段性持股经营理念得以实现的必要条件，是股权培育和股权增值的切实保障。没有一个良性互补的投资结构，阶段性持股的资本经营理念就无法得到贯彻，股权培育和股权增值也就无从谈起。确定投资领域，优化投资结构需做好以下几方面的工作（见表6－10）。

表6－10　　确定投资领域，优化投资结构的工作内容

工作	内容
确立投资领域	确立投资领域是优化投资结构的前提。国有投资控股公司应该主要投资于重要的基础设施领域和大型工业项目，适度投资于金融证券和高新技术领域，有选择地从事其他投资主体没有能力或不愿进入的领域，发挥国有资本的投资导向作用。按照确定的投资领域，国有投资控股公司应坚持“有进有退、合理流动”的方针，加快存量资产的重组，优化投资结构
项目分类及其处理方式	将国有投资控股公司投资的项目按照投资领域和经营状况分类：A类，不符合投资领域，经营状况差。B类，不符合投资领域，经营状况较好。C类，符合投资领域，经营状况较差。D类，符合投资领域，经营状况良好。 针对不同类型的项目采取不同的处理方式：对于A类项目，按照破产法促其破产或及早转让，争取最大限度地回收部分资金。对于B类项目，维持项目经营规模，采取逐步退出的方式，或等待时机寻找转让受益的最大化。对于C类项目，一是市场前景良好，因负债比例过大导致财务危机，可采取债务重组等方式，争取债权转股权，减轻项目公司负担；二是因为经营管理混乱，则应着重强化治理结构，调整经营管理力量或重组项目公司经理班子；三是因为项目所处的属于微利或亏损领域，但社会效益良好，争取政府减免税收。对于D类项目，一是处于成长期的项目，市场前景良好，国有投资控股公司加大对该项目的投入；二是处于成熟期的项目，可以考虑选择合适的时机部分转让
建立多元化的投资主体	积极引进其他投资方，建立多元化的投资主体。通过资本运作在项目公司内引入其他投资各方，形成合理的股东结构，推进项目公司法人治理结构建设。大型项目投资建设需要各方面的力量，单一投资主体的项目公司应逐步转化为拥有多个不同的投资者，各个投资方之间可以相互监督和相互制衡，建立起规范的法人治理结构。而且投资主体多元化可以减少投资风险，调动各方面的积极性

6. 强化资本运营风险管理机制

目前国有投资控股公司具有一定的投资决策权力，但是还缺乏完善的投资风险管理机制，项目投资中存在较大风险。主要表现在：前期风险控制机制不健全，市场调研和信息数据收集不完整；投资论证不充分，程序不规范，方法不科学，造成投资决策失当；项目融资方式不科学，融资渠道单一；依法经营意识淡薄，不能积极规避法律风险。这就需要国有投资控股公司在资本运营过程中，建立和完善资本运营风险管理机制，自觉地控制运营风险（见表6－11）。

表6－11　　控制运营风险的措施

措施	内容
加强项目的前期风险控制	作为国有资本投资主体和市场竞争主体，国有投资控股公司应该加强项目投资决策的规范化管理，克服投资决策的盲目性和随机性。国有投资控股公司应当加强项目投资工作的前期分析论证，积极收集和调查市场信息，组织有关人员科学分析论证，认真规范投资决策的程序。并与权威专业机构建立密切联系，积极引进外脑，进一步加强对投资项目的科学论证深度，保证项目决策的科学性和实施的可行性
拓宽项目融资渠道，积极防范融资风险	国有投资控股公司在资本经营过程中，尤其是确立一个投资项目后，需要投入巨额资金，公司仅凭自身力量难以迅速集中所需资金。主要通过银行贷款的方式，会增加财务费用，增大负债风险。根据我国资本市场现实和公司实际状况，有必要制定比较完善的筹资办法和策略，以拓宽融资渠道。 一是争取一部分优良项目公开上市。规范项目公司的管理，进行股份有限公司改造，争取达到公司上市各项要求，并通过公开上市或在股市增配新股募集社会资金。进行公开上市，不仅将融资成本降低到最小限度，降低了融资风险，提供了一个持续融资的平台，而且也顺应了公司阶段性持股的资本运营理念，为公司日后的计划性退出提供了最为便利的退出渠道。二是发行公司债券。发行公司债

续　表

措施	内容
	券是国有投资控股公司融资方式的较好选择。公司债券的发行成本低，相对银行贷款利率低，节约了财务费用。同时发行中长期公司债券可以调整国有投资控股公司长短期借款比例，降低短期借款到期风险，使长短期借款比例与长短期投资比例相对应。三是促进银企合作。国有投资控股公司可以积极与多家商业银行开展合作，签订银企互惠互利的合作协议，促使商业银行关注国有投资控股公司的发展，紧密联系商业银行与公司的利益，将融资成本降低到最低限度，并有效规避利率风险
积极规避法律风险	国有投资控股公司的资本经营活动是一个复杂的系统工程，尤其与资本经营活动相关的法律法规更是纷繁复杂，资本经营活动所产生的法律风险几乎贯穿于资本运营活动的全过程，在投资论证、投资运营和产权转让阶段都伴随着种种法律规章制度的约束和规范。因此，在资本经营活动中，必须强化法律意识，坚持依法经营，充分依靠律师机构，重视各个环节的法律咨询意见，切实规避法律风险。 针对资本经营中可能出现的法律问题，一方面，国有投资控股公司员工尤其是中高级管理人员和专业人员，要加强对相关法律知识的学习，并在实践经验的基础上加以总结，通过各种方式，向公司新员工传授法律实务和知识，使新员工尽快成长为具备相应法律知识的复合型人才；另一方面，应积极与专职律师事务所建立畅通的联系渠道，充分利用职业律师较高的专业水准和丰富的实践经验，为公司资本运营战略的正确实施提供可靠的法律保障

除上述加强国有投资控股公司资本运营的措施之外，还必须进一步强化国有投资控股公司以资本运营为主业的经营理念。从整个公司发展的角度出发，提升公司全体员工认识水平，将资本运营的经营理念逐步渗透到公司全体员工的思想认识中，并经过有意识的引导和强化，最终形成一种有利于公司健康发展的企业文化和共有价值观，公司一切经营运作活动围绕资本运营展开，并为资本运营服务。控股公司应以资本运营为主线，围

绕资本运营这一核心制订公司总体战略目标、长期发展规划和投资经营计划。控股公司下属职能部门及其子公司也应在控股公司整体发展规划的基础上，制订以资本运营为核心内容和价值目标的部门或子公司发展计划。只有各种措施并举、有重点有层次地展开，才能进一步强化国有投资控股公司的资本运营。

第七章　将能而君不御者胜

——公司转让实务

《孙子兵法》中说："将能而君不御者胜。"意思是说，将帅具有指挥才能，而国君又不干预牵制，就可以取得胜利。在这里，孙子强调发挥为将者的主观能动性，将"不御"当作取得战争胜利的重要条件之一，反映出授权的重要性。在现代企业的资本运营实践中，授权思想同样具有很好的借鉴意义。转让是企业经营权的一种外包形式，可分解为按公允价值销售全部资产和进行投资两项经济业务，目的是换股权。转让后的经营者自主权就是发挥"将能"的体现，所以发包企业要做到"君不御"。假如凡事干预，转让就不会取得实质性效果。为此，转让过程需按程序规范化操作，同时转让涉及的税收、责任等问题需妥善处理。

公司转让及类型

公司转让，是指一家公司不需要解散而将其经营活动的全部（包括所有资产和负债）或其独立核算的分支机构转让给另一家企业（以下简称“接受企业”），以换取代表接受企业资本的股权（包括股份或股票等），包括股份公司的法人股东以其经营活动的全部或其独立核算的分支机构向股份公司配购股票。

1. 公司转让条件

由于有限责任公司在本质上是资合企业，这就决定了它必须维持公司资本，在股东不愿和无力拥有其股权时，不得抽回出资，而只能转让于他人，所以转让股权就成了有限责任公司股东退出公司的唯一选择。同时，有限责任公司的建立又以股东间的信任为基础，具有一定的人合性，股东之间的依赖和股东的稳定对公司有着至关重要的作用，这使得股东的股权转让不像股份有限公司的股权转让那么自由，所以各国公司法对有限责任公司股东的股权转让都做出了比较严格的条件限制，这些条件限制主要包括实质要件和形式要件。

实质要件包括内部转让条件和外部转让的限制条件（见表7－1）。

形式要件，既涉及股权转让协议的形式缔结，也包括股权转让是否需要登记或公正等法定手续，对于股权转让的形式要件，许多国家的公司法都做了明确规定。其中的股权转让协议主要包括以下内容：协议转让的股份数及占上市公司总股本的比例；转让股份的每股个价及股权转

表 7-1　　股权转让的实质要件

项目	内容
内部转让条件	因为股东之间股权的转让只会影响内部股东出资比例即权利的大小，对重视人合因素的有限责任公司来讲，其存在基础即股东之间的相互信任没有发生变化。所以，对内部转让的实质要件的规定不很严格，通常有以下 3 种情形：一是股东之间可以自由转让其股权的全部或部分，无须经股东会的同意。二是原则上股东之间可以自由转让其股权的全部或部分，但公司章程可以对股东之间转让股权附加其他条件。三是规定股东之间转让股权必须经股东会同意
外部转让限制条件	有限责任公司具有人合属性，股东的个人信用及相互关系直接影响到公司的风格甚至信誉，所以各国公司法对有限责任公司股东向公司以外第三人的转让股权，多有限制性规定。大致可分为法定限制和约定限制两类。法定限制实际上是一种强制限制，其基本做法就是在立法上直接规定股权转让的限制条件。股权的转让，特别是向公司以外第三人的转让，必须符合法律的规定方能有效。约定限制实质上是一种自主限制，其基本特点就是法律不对转让限制做出硬性要求，而是将此问题交由股东自行处理，允许公司通过章程或合同等形式对股权转让做出具体限制

让金总额；转让股份的交割日（股权转让协议正式生效后方可进行）；股权转让金支付方式；出让方的义务；受让方的义务；协议的生效日；出让方的陈述与保证；股权转让完成后，双方对上市公司的变动计划；股权转让协议的解除条款；保密条款；争议解决方式；违约责任；附则。

2. 公司转让类型

公司转让类型包括以下 5 种（见表 7-2）。

表 7－2 公司转让类型

类型	内容
持份转让与股份转让	持份转让，是指持有份额的转让，在中国是指有限责任公司的出资份额的转让。股份转让，根据股份载体的不同，又可分为一般股份转让和股票转让。一般股份转让是指以非股票形式的股份转让，实际包括已缴纳资本然而并未出具股票的股份转让，也包括那些虽然认购但仍未缴付股款因而还不能出具股票的股份转让。股票转让，是指以股票为载体的股份转让。股票转让还可进一步细分为记名股票转让与非记名股票的转让、有纸化股票的转让和无纸化股票的转让等
书面股权转让与非书面股权转让	股权转让多是以书面形式来进行的。有的国家的法规还明文规定，股权转让必须以书面形式，甚至以特别的书面形式（公证）来进行。但以非书面的股权转让亦经常发生，尤其以股票为表现形式的股权转让，通过非书面的形式更能有效快速地进行
即时股权转让与预约股权转让	即时股权转让，是指随股权转让协议生效或者受让款的支付即进行的股权转让。而那些附有特定期限或特定条件的股权转让，为预约股权转让。中国《公司法》第一百四十二条规定，发起人持有的该公司股份，自公司成立之日起一年内不得转让。公司公开发行股份前已发行的股份，自公司股票在证券交易所上市交易之日起一年内不得转让。公司董事、监事、高级管理人员应当向公司申报所持有的该公司的股份及其变动情况，在任职期间每年转让的股份不得超过其所持有该公司股份总数的 25%；所持该公司股份自公司股票上市交易之日起一年内不得转让。上述人员离职后半年内，不得转让其所持有的该公司股份。公司章程可以对公司董事、监事、高级管理人员转让其所持有的该公司股份做出其他限制性规定。为规避此项法律规定，发起人与他人签署附期限的公司设立 1 年之后的股权转让协议，以及董事、监事、经理与他人签署附期限的股权转让协议，即属于预期股权转让
公司参与的股权转让与公司非参与的股权转让	公司参与股权转让，表明股权转让事宜已获得公司的认可，因而可以视为股东资格的名义更换但已实质获得了公司的认同，这是公司参与股权转让最为积极的意义。但同时还提醒大家，中国诸多公司参与的股权转让现象中，未经股权转让各方邀请或者未经股权享有人授权公司代理的情形时有发生

续 表

类型	内容
有偿股权转让与无偿股权转让	有偿股权转让无疑应属于股权转让的主流形态。但无偿的股权转让同样是股东行使股权处分的一种方式。股东完全可以通过赠予的方式转让其股权。股东的继承人也可以通过继承的方式取得股东的股权。在实践中，要注意的是，如果股东单方以赠予的方式转让其股权，受赠人可以根据自己的意思做出接受或放弃的意思表示，受赠人接受股权赠予，股权发生转让；受赠人放弃股权赠予，股权未发生转让

公司转让的不同形式

公司转让的实质是股权转让。股权转让是指公司股东依法将自己的股份让渡给他人，使他人成为公司股东的民事法律行为。公司股权转让包括以下形式：普通转让与特殊转让、内部转让和外部转让、全部转让与部分转让、约定转让与法定转让、其他分类。

1. 普通转让与特殊转让

这是根据股权转让在《公司法》上有无规定而作的划分。普通转让指《公司法》上规定的有偿转让，即股权的买卖。特殊转让指《公司法》没规定的转让，如股权的出质和因离婚、继承和执行等而导致的股权转让。

2. 内部转让和外部转让

这是根据受让人的不同而做的分类。内部转让即股东之间的转让，是指股东将自己的股份全部或部分转让给公司的其他股东。外部转让，是指部分股东将自己的股份全部或部分转让给股东以外的第三人。

3. 全部转让与部分转让

这是根据标的在转让中是否分割而作的划分。部分转让指股东对股权的一部分所作的转让，也包括股权分别对两个以上的主体所作的转让。全部转让指股权的一并转让。

4. 约定转让与法定转让

这是根据转让所赖以发生的依据而作的划分。约定转让是基于当事人合意而发生的转让，如股份的出让等。法定转让是依法发生的转让，如股份的继承等。

5. 其他分类

例如，退股是基于司法权而发生的，具有强制性，可被视为一种强制转让。

公司转让需遵循的程序

当下公司转让成为一种买卖趋势。很多公司因为管理经营的失败而面临倒闭，很多公司也因为发展迅速需要扩大市场。在这个需求市场上，公司转让盛行，一般遵循以下流程，并有相关注意事项。

1. 公司转让流程

公司转让依次按照以下流程操作：

（1）召开股东大会讨论。对于一个大公司来说，股东的变更会引起公司构架的一些改变，所以要召开股东大会表决。对于私立小公司那就没有必要了。

（2）做国有资产评估。为了防止国有资产的流失，国家规定在进行公司转让前，如果涉及国有资产的变更，那么就要进行资产评估。

（3）签订合同。不管什么场合，什么交易，合同是必备的法律保障。

（4）收回原股东的出资证明，发放新的证明给新股东。

（5）公司章程的一些变更。新股东的加入会引起公司构架的改变，因此对于公司的一些章程也要做相应的改变。

（6）修改股东名册，进行工商变更登记。

（7）公告全公司。这不仅表明是对新股东的认可，也是对全公司员工的透明化。

2. 公司转让流程注意事项

公司转让需注意以下事项（见表7-3）。

表7-3　公司转让注意事项

事项	内容
检查公司是否存在债务	公司转让中最需要注意的不是转让方而是承接方，承接方在收购一个公司的时候一定要先考虑该公司的账目问题，找有资质的代理记账公司专员，仔细检查公司账目，看看转让的公司是否有潜在的债务
检查公司以前经营状况	转让公司以前是否是合法经营，在经营过程中是否有违法犯罪的活动，在工商局档案中是否有不良记录
年检是否每年都按时参加	年检是国家工商机关检查企业是否合法经营的重要手段，企业每年必须要在规定的时间内参加，如果没有按时参加，那么企业会被记录在案，企业信誉下降，同时还会受到处罚
查看公司审计报告	审查公司是否是垫资注册公司，公司的注册资金是否出资到位，是否有抽逃资金的现象，公司账目是否合法等，这都是必需的，避免带来不必要的麻烦

3. 公司转让需要材料

公司转让所需材料包括以下几个方面：

（1）公司法定代表人签署的《公司变更登记申请书》（公司加盖公章）。

（2）公司签署的《指定代表或者共同委托代理人的证明》（公司加盖公章）及指定代表或委托代理人的身份证件复印件；应标明指定代表或者共同委托代理人的办理事项、权限、授权期限。

（3）关于修改公司章程的决议、决定；有限责任公司提交由代表2/3以上表决权的股东签署股东会决议；股份有限公司提交由会议主持人及出席会议的董事签字股东大会会议记录；一人有限责任公司提交股东签署的书面决定。国有独资公司提交国务院、地方人民政府或者其授权的本级人民政府国有资产监督管理机构的批准文件。

（4）修改后的公司章程或者公司章程修正案（公司法定代表人签署）。

（5）变更名称的，如果法律、行政法规和国务院决定规定公司名称变更必须报经批准的，提交有关的批准文件或者许可证书复印件；变更住所的提交新的住所使用证明；变更经营范围的，如果公司申请登记的经营范围中有法律、行政法规和国务院决定规定必须在登记前报经批准的项目，提交有关的批准文件或者许可证书复印件或许可证明；变更股东或发起人名称或姓名的，提交名称《准予变更登记通知书》复印件，及股东或发起人更名后新的主体资格证明或者自然人身份证件复印件；变更营业期限的，如果法律、行政法规和国务院决定规定变更营业期限必须报经批准的，提交有关的批准文件或者许可证书复印件。

（6）营业执照正、副本。

公司股权转让涉及的税收问题

公司将股权转让给某公司，该股权转让所得，将涉及企业所得税、营业税、契税、印花税、个人所得税等相关问题。

1. 企业所得税

企业股权投资转让所得应并入企业的应纳税所得，依法缴纳企业所得税。

企业股权投资转让所得或损失是指企业因收回、转让或清算处置股权投资的收入减除股权投资成本后的余额。国税函〔2004〕390 号规定：企业在一般的股权买卖中，应按《国家税务总局关于企业股权投资业务若干所得税问题的通知》（国税发〔2000〕118 号）有关规定执行；股权转让人应分享的被投资方累计未分配利润或累计盈余公积应确认为股权转让所得，不得确认为股息性质的所得。

《国家税务总局关于企业股权投资业务若干所得税问题的通知》（国税发〔2000〕118 号）规定：企业股权投资转让所得应并入企业的应纳税所得，依法缴纳企业所得税；投资企业取得股息性质的投资收益，凡投资企业适用的所得税税率高于被投资企业适用的所得税税率的，除国家税收法规规定的定期减税、免税优惠以外，其取得的投资所得应按规定还原为税前收益后，并入投资企业的应纳税所得额，依法补缴企业所得税。根据以上规定，投资企业可以利用其在被投资企业的影响先由被投资企业进行利润分配然后转让股权，以达到减轻所得税费用、提高税后净收益的目的。

国税函〔2004〕390 号关于股权转让所得税补充规定：（一）企业在一般的股权（包括转让股票或股份）买卖中，应按国税发〔2000〕118 号有关规定执行。股权转让人应分享的被投资方累计未分配利润或累计盈余公积应确认为股权转让所得，不得确认为股息性质的所得；（二）企业进行清算或转让全资子公司以及持股95%以上的企业时，应按《国家税务总局关于印发〈企业改组改制中若干所得税业务问题的暂行规定〉的通知》（国税发〔1998〕97 号）的有关规定执行。投资方应分享的被投资方累计未分配利润或累计盈余公积应确认为投资方股息性质的所得。为避免对税后利润重复征税，影响企业改组活动，在计算投资方的股权转让所得时，允许从转让收入中减除上述股息性质的所得；（三）按照《国家税务总局关于执行〈企业会计制度〉需要明确的有关所得税问题的通知》（国税发〔2003〕45 号）第三条规定，企业已提取减值、跌价或坏账准备的资产，如果有关准备在申报纳税时已调增应纳税所得，转让处置有关资产而冲销的相关准备应允许作相反的纳税调整。因此，企业清算或转让子公司（或独立核算的分公司）的全部股权时，被清算或被转让企业应按过去已冲销并调增应纳税所得的坏账准备等各项资产减值准备的数额，相应调减应纳税所得，增加未分配利润，转让人（或投资方）按享有的权益份额确认为股息性质的所得。

2. 营业税

根据《财政部、国家税务总局关于股权转让有关营业税问题的通知》（财税〔2002〕191 号）规定：以无形资产、不动产投资入股，与接受投资方利润分配，共同承担投资风险的行为，不征收营业税；自 2003 年 1 月 1 日起，对股权转让不征收营业税。

山东胜利股份公司关于转让青岛胜通海岸置业发展有限公司部分股权的相关协议如下（资料全部来源于上市公司公告）：本公司、青岛胜信投资有限公司（以下简称“胜信投资”）、青岛四方城市发展有限公司（以下简称“四方城发”）与青岛城市建设投资（集团）有限责任公司（以下简称“青岛城投”）签署协议，本公司将持有的胜通海岸18%股权分次转让给青岛城投；胜信投资将其持有的胜通海岸20%股权转让给青岛城投；四方城发将其持有的胜通海岸13%的股权通过法定程序转让给青岛城投。双方确认本公司转让胜通海岸18%的股权价款共计为人民币31140万元。胜信投资本次转让胜通海岸20%的股权价款共计为人民币34600万元。根据财税〔2002〕191号规定，此次股权转让不征收营业税。

3. 契税

根据规定，在股权转让中，单位、个人承受企业股权，企业的土地、房屋权属不发生转移，不征契税；在增资扩股中，对以土地、房屋权属作价入股或作为出资投入企业的，征收契税。

4. 印花税

非上市公司不以股票形式发生的企业股权转让行为，属于财产所有权转让行为，应按照产权转移书据缴纳印花税。印花税税目税率表第十一项规定，产权转移书据应按所载金额的万分之五贴花。国税发〔1991〕155号第十条进一步明确：“财产所有权转移书据的征税范围是：经政府管理机关登记注册的动产、不动产的所有权转移所立的书据，以及企业股权转让所立的书据。”这里的企业股权转让所立的书据，是指未上市公司股权转让所书立的书据，不包括上市公司的股票转让所书立的书据。

财政部、国家税务总局对上市公司股票转让所书立的书据怎样征收印花税做出了专门规定。2008年4月，经国务院批准，财政部、国家税务总局决定，从2008年4月24号起，调整证券（股票）交易印花税率，由现行3‰调整为1‰。即对买卖、继承、赠予所书立的A股、B股股权转让数据，由立据双方当事人分别按1‰的税率缴纳证券交易印花税。

对经国务院和省级人民政府决定或批准进行政企脱钩、对企业（集团）进行改组和改变管理体制、变更企业隶属关系，以及国有企业改制、盘活国有企业资产，而发生的国有股权无偿划转行为，暂不征收证券交易印花税。

5. 个人所得税

根据个人所得税法规的有关规定，个人转让股权应按“财产转让所得”项目依20%的税率计算缴纳个人所得税。财产转让所得，以转让财产的收入额减除财产原值和合理费用后的余额为应纳税所得额。所谓合理费用，是指纳税人在转让财产过程中按有关规定所支付的费用，包括营业税、城建税、教育费附加、资产评估费、中介服务费等。而有价证券的财产原值，是指买入时按照规定交纳的有关费用。

需要注意的是，在计算缴纳的税款时，必须提供有关合法凭证，对未能提供完整、准确的财产原值合法凭证而不能正确计算财产原值的，主管税务机关可根据当地实际情况核定其财产原值。

2007年国美电器宣布，在香港上市的国美电器控股有限公司，通过银行以委托贷款给独立第三方的方式，得到大中电器独家管理与经营权。收购价格为36.5亿元。大中电器股权持有人张大中透露，正是由于大中电器被国美电器收购，其所持股权进行转让，向北京市地税局一次性缴纳个人所得税达5.6亿元，并得到了市地税局向他开具的个人所得税完税凭证，成为国内一次性缴纳个人所得税最多的纳税人。

6. 股权转让涉税疑难问答

股权转让涉税问题比较复杂，常常会遇到一些疑难问题。下面列出3

个普遍存在的疑难问题并予以解答（见表7-4）。

表7-4　股权转让普遍存在的疑难问题及解答

问题	解答
企业股权投资差额所得税如何处理	按照《国家税务总局关于企业股权投资差额所得税处理问题的批复的通知》（国税函〔1999〕554号）规定，企业为取得另一企业的股权支付的全部代价，属股权投资支出，不得计入投资企业的当期费用，也不得通过折旧或摊销方式分期计入投资企业的费用，应作为股权投资的计税成本，待将来转移股权或收回投资时，用以计算股权转让所得或投资收益。即税法规定不确认任何由于长期股权投资的公允价值与按持股比例计算的占被投资单位所有者权益份额不同而产生的股权投资差额
企业应何时确认股权转让收益	企业转让股权收益的确认，应采用与转让其他资产相一致的原则，即，以被转让的股权的所有权上的风险和报酬实质上已经转移给购买方，并且相关的经济利益很可能流入企业为标志。在会计实务中，只有当保护相关各方权益的所有条件均能满足时，才能确认股权转让收益。这些条件包括：出售协议已获股东大会（或股东会）批准通过；与购买方已办理必要的财产交接手续；已取得购买价款的大部分（一般应超过50%）；企业已不能再从所持的股权中获得利益和承担风险等。值得注意的是，如果有关股权转让需要经过国家有关部门批准，则股权转让收益只有在满足上述条件并且取得国家有关部门的批准文件时才能确认
企业股权投资转让所得和损失的企业所得税如何处理	第一，根据《国家税务总局关于企业股权投资业务若干所得税问题的通知》（国税发〔2000〕118号）文件的规定：（一）企业股权投资转让所得或损失是指企业因收回、转让或清算处置股权投资的收入减除股权投资成本后的余额。企业股权投资转让所得应并入企业的应纳税所得，依法缴纳企业所得税。被投资企业对投资方的分配支付额，如果超过被投资企业的累计未分配利润或累计盈余公积而低于投资方的投资成本的，视为投资回收，应冲减投资成本；超过投资成本的部分，视为投资方企业的股权转让所得，应并入企业的应纳税所得，依法缴纳企业所得税。（二）被投资企业发生的经营亏损，由被投资企业按规定结转弥补；投资方企业不得调整减低其

续 表

问题	解答
	投资成本，也不得确认投资损失。（三）企业因收回、转让或清算处置股权投资而发生的股权投资损失，可以在税前扣除，但每一纳税年度扣除的股权投资损失，不得超过当年实现的股权投资收益和投资转让所得，超过部分可无限期向以后纳税年度结转扣除。第二，企业发生凡符合《国家税务总局关于企业股权投资业务若干所得税问题的通知》（国税发〔2000〕118号）和《国家税务总局关于企业合并分立业务有关所得税问题的通知》（国税发〔2000〕119号）暂不确认资产转让所得的企业整体资产转让、整体资产置换、合并和分立等改组业务中，取得补价或非股权支付额的企业，应将所转让或处置资产中包含的与补价或非股权支付额相对应的增值，确认为当期应纳税所得。第三，企业发生凡符合《国家税务总局关于企业股权投资业务若干所得税问题的通知》（国税发〔2000〕118号）第四条第2款规定转让企业暂不确认资产转让所得或损失的整体资产改组，接受企业取得的转让企业的资产的成本，可以按评估确认价值确定，不需要进行纳税调整

公司转让前后需注意哪些问题

公司转让除了变更法人外，实质意义是一种股权转让，受让方继承原有公司股东的股权，也就是转让了公司，在公司转让过程中，必须签署公司转让协议，相关的债权债务必须在协议中明确下来，签署过程最好有律师见证。

1. 转让征税规定需注意的事宜

首先要去公证处做一个股转，将股权转让出去。其次凭股权转让书到工商局办理变更法人、公司名称、经营范围、地址等。最后变更后面的国、地税及银行。财务账直接移交即可。关于个人和企业股权转让交所得税，要注意以下事宜：

（1）根据财政部、国家税务总局关于股权转让有关营业税问题的通知财税〔2002〕191号文件规定2003年1月1日起，对股权转让不征收营业税。

（2）属产权转移书据，按万分之五交贴缴印花税。如果是上市公司在证券市场上的交易，就要按“股权转让书据”按1‰交了。

（3）如果是个人，按转让所得交20%的个人所得税。如果是企业，并入当年的应纳税所得额，计缴企业所得税。

无论是企业或个人，有签合同的，均需根据合同额征收印花税。转让股权不征收营业税及增值税。如属于个人股权转让，根据《中华人民共和国个人所得税法》及其实施条例的规定，原股东取得股权转让所得，应按“财产转让所得”项目征收个人所得税。如属于企业股权转让，第一，根据《财政部国家税务总局关于股权转让有关营业税问题的通知》（财税〔2002〕191号）对股权转让不征收营业税。第二，根据《国家税务总局关于企业股权投资业务若干所得税问题的通知》（国税发〔2000〕118号）的规定，企业股权投资转让所得或损失是指企业因收回、转让或清算处置股权投资的收入减去股权投资成本后的余额。企业股权投资转让所得应并入企业的应纳税所得，依法缴纳企业所得税。第三，企业股权转让所立的书据，双方按照产权转移书据按所载金额万分之五各自贴花。

2. 公司要重点突出行业资历和信誉程度

公司转让过程中要重点突出公司在行业内的资历和信誉程度。很多人收购公司都是为了一个“壳”，为了以后更好地融资贷款或投招标；而且对收购公司来讲，自己注册新公司的话，费时费力，通过收购可以规避很多注册新公司遇到的难题。转让方可以从这点上来把握客户的心态，提高在转让公司过程中的话语权。

公司转让时建议找专业代办公司签订转让公证，对于转让前的债务提出书面说明与解决方案，如没有这些也必须有书面证明，日后如发现不利于转让方的法律或经济问题还是必须要负责，但事后可转嫁给对方承担。

个人独资企业营业转让后责任

随着经济的不断发展，企业法人这一更高级的组织形态应运而生。但是传统的个人独资企业却并没有因此而衰落，而是在现代企业产权制度的框架下，紧抓国家政策对中小企业发展的倾斜，不断地发挥其经营方式的优势作用，实现了个人独资企业的蓬勃发展。但与此同时，《个人独资企业法》因法律固有的滞后性导致了某些法律规定上的缺位，如该法对个人独资企业转让制度的规定不明晰，只在第 17 条中笼统地规定“个人独资企业投资人对本企业的财产依法享有所有权，其有关权利可以依法进行转让或继承”。而对转让经营时的债权债务的处理未作详细规定，导致变更后的个人独资企业与原债权人、原债务人之间以及个人独资企业转让人与受让人之间纠纷数量不断增加，而在适用法律时无法明确。下面就来探讨一下关于个人独资企业营业转让的相关问题。

1. 个人独资企业营业转让的原则

我国《个人独资企业法》调整的对象是个人独资企业法律关系，它的适用范围是依照该法在中国境内设立，由一个自然人投资，财产为个人所有，投资人以其个人财产对企业债务承担无限责任的经营实体。一般来说，个人独资企业营业转让的形式为两种：一种是全部转让，原投资人退出企业，由新的投资人进行工商登记变更，企业性质和名称不改变，仅仅只是由新的投资人对个人独资企业的整体（包括全部资产和企业经营所需的一切部分）接收；另一种是部分转让，是原投资人仅将企业营业部分转让出去，自己并不退出企业，此种情形将出现多个投资人，从而导致企业类型的根本改变。

这里有必要简要区分一下个人独资企业与公司、合伙企业这三种以营利为目的的经营实体在财产关系、责任形式上的不同。首先，公司的财产独立于股东的个人，股东以其出资额为限，对公司承担责任，即负有限责任。其次，合伙企业合伙人的财产与合伙企业的财产相对分立，当合伙企业财产不足以清偿合伙企业债务时，合伙人以其投入合伙企业的财产以外的其他财产对合伙企业债务负连带清偿责任。最后，个人独资企业投资人的个人财产与企业财产不分离，投资人以其个人财产对企业债务承担无限责任。

另外，个人独资企业只有一个法定的投资人而没有投资份额之分，故不能形成股权机制。因此，为保证不因转让行为而有损于其投资主体单一性的机制，个人独资企业经营（包括企业资产、商号，下同）转让只能遵循整体处分原则以保持其独资的法律性质。部分转让的结果必将使得企业中形成两个或两个以上的投资人，企业性质将由个人独资转变为合伙企业，从而失去个人独资企业存在的法律意义及其特有的优势作用。

2. 个人独资企业营业转让的债权归属问题

目前国际上对于企业营业转让前债权归属的立法主要存在以下两种立法例：一是债权归于受让人。我国澳门地区及德国采用此种立法例。如《德国商法典》第二十五条就规定了营业转让前的债权原则上自动归于受让人，同时对另行约定的情形作了详细说明。二是债权仍归转让人。此种立法例典型代表为日本和韩国，如《韩国商法典》第四十三条规定了营业转让前的债权原则上仍归转让人，债务人就个人独资企业营业转让权的债权应向转让人进行清偿。只有在债务人向受让人清偿时是善意且无过失的时候才发生债务清偿的效力，否则不带来清偿责任的消灭。

律师认为，个人独资企业营业转让从实质上说属债的转让过程，转让人与受让人之间通过合意的形式对企业经营权的行为是合法的合同行为，在没有特别规定的情形下，应受我国合同法的规范和调整。《合同法》第八十条规定了债权人转让权利的，应通知债务人。但个人独资企业作为经营实体，其所涉及的债权债务关系较为复杂，且个人独资企业营业转让前的债权归谁所有，在实质上并未对债务人产生影响，亦不会因债权的转移而增加债务人的负担。所以上述两种债权归属方式都是可以接受的，关键在于法律应通过明确的方式加以规定，从而对社会经济活动中此类问题给予明确的指引和规范。

3. 个人独资企业营业转让的债务承担问题

个人独资企业营业转让中最大的纠纷还是转让前债务承担的问题，各国立法对这一问题的规定也不尽相同，主要有以下两种情况：一是受让人有条件的承担营业转让前的债务。此种立法主要存在于大部分的大陆法系国家，如韩国、德国以及我国澳门地区。此种立法规范下，法律规定原则上营业转让前的债务由受让人承担，但在下列两种情形下可免除其清偿债务的责任。其一，在进行工商变更登记时受让人明确表达了不承担转让前债务的意思；其二，转让人或受让人及时通知了第三人的。由于以上两种免责事由的存在，导致在实际操作中受让人都会作不承担转让权债务的意思表示，从而实质上形成了由转让人承担债务的事实。此种立法规定的方式对受让人较公平，但有可能导致转让人恶意转让，使得第三人债权得不到实现的现象产生。二是受让人应承担营业转让前的债务。此种立法规定主要是从企业的独立性出发，规定不论企业投资人是否变更，统一由企业现在的经营人承担债务。这种立法例主要存在于我国香港地区及大部分英美法系国家。这种立法事实上是对受让人的不公，特别是在转让人与受让人并未对债务承担进行约定，转让人亦未对债务部分给予受让人相应对价的情况下。这种不公可能会严重影响到受让人对独资企业的经营，同时也并不能避免转让人与受让人之间的恶意转让行为。

前面已对个人独资与公司、合伙企业在财产关系、债务承担形式作了区分，个人独资企业是以该企业名义进行经营活动，所形成的债务事实上也是该企业投资人个人的债务，独资企业的投资人对债务承担无限责任。同样的，转让人和受让人之间对营业转让中的债务转移行为应受我国《合同法》第84条规定的制约，债务的转移必须告知第三人并经其同意。但另一方面又不能忽视个人独资企业作为一个独立的经营实体在经济活动中的独立地位，故而律师认为，对营业转让前的债务承担问题应根据不同情况进行综合认定。

首先，无法律明文规定前提下应由转让人承担营业转让前的债务（见表7-5）。

表7-5　　无法律明文规定前提下的债务承担问题

事项	内容
公平原则下的债务分配	虽然营业转让并不导致个人独资企业商事主体资格的消灭，而仅是由不同投资人对原有企业经营权的延续。但因为个人独资企业没有独立的财产，投资人要以其个人财产对企业债务承担无限责任，使得该独资企业的债务与投资人债务最终责任融为一体。个人独资企业营业转让前的债务是由原投资人经营形成，基于公平原则，在转让人并未向受让人就相应债务部分支付等价经济利益时，原投资人理应对债务承担清偿责任，合法受让人对原投资人经营期间的经营活动不具有决定权，对转让前的债务亦不承担清偿责任
诉讼中主体认定问题	个人独资企业营业转让仅是企业投资人的变更，并不影响转让前后其商事主体资格，亦不影响投资人以其个人财产承担无限责任的责任形式。一般地，独资企业被合法转让时，经营行为及债权债务已相对明确，转让人、受让人与第三人并不存在法律上的债务牵连关系，故不存在转让人与受让人之间债务连带清偿责任的法律关系。当债权人以个人独资企业提起诉讼的，为查清案件事实，法官可对原告释明是否追加转让人为共同被告

续 表

事项	内容
受让人债务清偿后的追偿权	一般地，为保护债权人的利益，独资企业在营业转让时，应当到登记机关办理变更登记，受让人应当在登记时声明是否承担转让人的债务。同时，转让人和受让人应当发出转让公告并通知转让前的债权人。如受让人不愿承担独资企业转让前债务，并在法定期限内履行了声明、公告和通知义务的，受让人不受债权人追索，仍由转让人承担；如受让人向第三人承担的债务属个人独资企业营业转让前的债务，其在债务清偿后有权向转让人追偿

其次，营业转让行为应受合同法债之保全制度的制约。

为防止个人独资企业的投资人出于逃避债务而以明显不合理的价格转让或无偿处分独资企业致使其债务清偿能力下降，损害债权人利益，转让人与受让人之间的转让应当受到合同法有关债的保全制度的制约，债权人可以行使对个人独资企业转让的撤销权。

最后，建立营业转让公告制度，明确债务承担（见表7－6）。

表7－6　明确债务承担的措施

措施	内容
据债务转移原理操作	根据债务转移的原理，为防止不必要的经济纠纷影响个人独资企业的正常运行，在营业转让时转让人或受让人应就债务的承担进行约定，若约定仍由债权人承担，则可在转让对价中剔除相应转让费用，当第三人向受让人主张债权时，受让人应告知第三人实际债务承担人；若约定由受让人承担的，应告知债权人并征得其同意
建立营业转让公告制度	个人独资企业作为一种经营实体，其所涉及的债务人可能较多，而且范围不固定。为将个人独资企业营业转让情况及债务承担情况及时告知债权人，应建立营业转让公告制度，及时告知债权人相关情况，明确转让人和受让人的权利、义务，同时确保债权人及时准确地向转让人或受让人主张权利

当然，目前我国相关的民事法律尚未对个人独资企业营业转让问题做

出明确的规定。虽然《合同法》对合同债权、债务转让做了相关规定，但个人独资企业作为独立的经营实体，投资人对企业债务承担无限责任的特殊性质决定了其在转让过程中与合同权利义务的转让存在差别。因此，在立法尚未对个人独资企业营业转让做出明确规定情况下，一方面需要通过司法实践来论证和统一债权、债务认定和归属问题，另一方面还有待于个人独资企业法相关司法解释及规定的出台，以明确经济活动行为规范，引导良好社会经济秩序。

第八章　智将务食于敌，以战养战

——公司租赁实务

《孙子兵法》中说：“智将务食于敌。”意思是说，明智的将军一定要在敌国解决粮草。孙子为解决后方补给和战场需要的矛盾，提出了“就地取材、以战养战”的措施，强调利用战争中获取来的人力、物力和财力，继续进行战争。由于后勤补给是在敌国就地解决，这样就极大地减轻了本国的财政开支和人民负担，使战争能够按照己方的意图，顺利地进行下去。孙子的这种“以战养战”的思想被广泛地运用到商界、政界和其他各行各业中。例如，现代企业的“食于敌”讲究善用别人的资源“以战养战”，公司租赁就是用实物租赁的方式换取别人的智力资源——经营能力，来养自己的企业。

公司租赁的作用及基本特征

租赁是指通过签订资产出让合同的方式，使用资产的一方通过支付租金，向出让资产的一方取得资产使用权的一种交易行为。

在租赁的经济行为中，出租人将自己所拥有的某种物品交与承租人使用，承租人由此获得在一段时期内使用该物品的权利，但物品的所有权仍保留在出租人手中。承租人为其所获得的使用权需向出租人支付一定的费用（租金）。下面来具体剖析公司租赁的作用和基本特征。

1. 租赁的作用

现代租赁作为一种物质贸易和资金融通相结合的信用方式，与直接购买相比，无论是对承租人、出租人、设备制造商、银行，还是对整个国民经济，都有其明显的作用。

对承租人而言，租赁具有以下作用：

（1）租赁开辟了新的融资渠道，对广大中小企业而言具有特殊意义。承租人可以借助租赁保留银行贷款额度和紧缺的现金资源，增强企业运营资金的灵活运用能力。

（2）租赁不要求承租人立即支付现金，有助于缓解处于发展期的新企业资金紧张问题；此外，租金固定，有助于防止资金成本的增加，避免通货膨胀风险；租金固定便于计算投资报酬率，有助于承租人快速完成投资决策。

（3）租赁协议限制条款较少，租赁方式灵活。富有创造精神的出租人可以结合承租人的特殊需要签订租赁协议。例如，可以约定等到设备开始运转，具有生产能力之后再开始支付租金，而且还可以要求以取得的新设备向主要贷款人作抵押，承租人可以避免再去签订成本昂贵的再贷款协议。

（4）租赁有助于加速机器设备更新。对于设备淘汰更新快的企业而言，租赁为机器设备快速升级创造了便利条件。在多数情况下，承租人把残值风险转移给了出租人，减少了设备因过时陈旧而带来的风险。

（5）租赁资格审核程序简便，申请批准速度快，有助于承租人把握商机。

（6）有利于修饰财务报表。采用经营租赁时，租金作为营业费用处理，避免为购置设备而增加大笔负债，可以有效地防止资产负债率上升。

（7）不用增加资本去购置设备，有利于保持股权分布的稳定性。

租赁对出租人的有利之处如下：

①租赁也是一种理财方式，通常情况下租赁利息较银行贷款利息高，因此，租赁公司、金融机构发展租赁交易更具有吸引力。

②杠杆租赁是较为广泛采用的一种国际租赁方式，是一种利用财务杠杆原理组成的租赁形式。杠杆型租赁就是一种纳税导向型租赁。例如，波音公司把一架飞机卖给一位富有的投资者，尽管该投资者不需要这架飞机，但他可以把这架飞机租给一家外国航空公司，该航空公司不能利用纳税利益，而该投资者则可以从中获得纳税利益。在这一交易中，波音公司销售了它的产品，投资者（出租人）获得了纳税利益，外国航空公司（承租人）则以一种较优惠的方式获得了它所需要的飞机。

③在租赁期满租赁财产返还给出租人的情况下，如果其实际价值远高于最初签订契约时的预计残值时，会给出租人带来大额利润。

租赁对机器销售商的积极意义如下：

①租赁公司负责解决承租人获取机器设备所需资金问题，有利于机器

销售商促销产品。

②租赁公司一次付现，能够加速机器销售商的资金周转；可以降低机器销售商的销售风险。

租赁对银行的有利之处如下：

①银行借助于租赁公司转受信给中小企业，有利于降低经营风险。

②银行把整笔资金批发给租赁公司，可以降低作业成本。

租赁对整个国民经济的作用如下：

①由于租赁实现了所有权与使用权的分离，使企业真正意识到经济利益的获取在于对生产资料的使用而不是占有，从而淡化了其强烈的生产资料占有欲望，有利于控制固定资产投资规模。

②可以使我国企业在生产设备严重落后而技术改造资金又严重不足的情况下，绕过资金难关，达到加速技术改造的目的。

综上所述，融资租赁不仅为企业开辟了灵活机动的融资渠道，而且为开拓新型业务开辟了市场，同时还提高了金融市场效率，进而有利于整个国民经济的繁荣。

2. 租赁的特点

现代租赁涉及出租者（租赁机构）、承租者和厂商三方面的关系。租赁机构不是中间人，而是融资者。承租人需要某种物品（机器、设备等），可以直接向租赁机构洽谈，也可先向厂商或经销商洽谈供货条件，然后再向租赁机构申请租赁预约，由租赁机构向厂商订货，并让其直接向承租者发货，承租者按合同规定支付租金，并取得租赁物品的使用权。由此可见，租赁实际是企业筹措设备投资的一种方式，即企业以直接租入设备的方式代替向银行借入设备贷款，以支付租金代替支付利息，以“融物”形式代替“融资”形式，并使“融资”与“融物”结合起来。这种有条件的让渡使用价值，实质上是一种信用活动。

租赁作为一种信用活动，既具有信用的一般特征，也具有其自己的特点（见表8－1）。

表8－1　　租赁的特点

特点	说明
所有权与使用权相分离	这一特点与银行信用似乎相同，但银行信用只是资金形态上的分离，而租赁信用则是资金与实物相结合基础上的分离。租赁的发展丰富了所有权与使用权分离的形式
融资与融物相结合	这一特点将金融信贷和物资信贷结合在一起，使专营租赁业务的专业公司或兼营租赁业务的机构具有银行和贸易公司的双重职能。它们使买卖、提供劳务和融资得以同时进行，这就使得整个社会的融资渠道和交易方式多样化，从而有助于打破形形色色的程度不同的垄断，推动各机构之间的相互竞争，提高工作效率
租金分期归流	承租人交付租金的次数和金额由承租人和出租人具体商定
交易方式灵活方便	分期付租解决了承租人一次性支付能力不足的困难；租赁期限届满时，承租人在留购、续租和退还标的物给物主之间的选择权又满足了其短期使用设备的条件，从而使租赁具有了无法为其他交易方式所替代的优势

企业融资租赁与购买的比较

在企业经营过程中，资金是瓶颈，解决和运用好资金，是企业经营成败的关键。筹资难是每个企业在经营过程中经常遇到的问题，而传统的融资方式如发行股票、债券等已不能完全满足企业发展的需要。而融资租赁作为一种新型的融资手段，集融资和融物为一体，与传统的筹资购买所需资产相比，有着独特的优势。

1. 以少量现金支付或不支付取得资产，使企业保持合理足够的现金流

由于融资租赁是由出租方出资金购入承租方所需资产，再以租赁方式交给承租方使用，承租方按租赁期分期支付租金的一种租赁方式。因此，在企业资金短缺时，采用融资租赁方式可以少量现金支付或不付即可取得所需资产，并以资产投入使用后取得的收益分期偿还租金，大大缓解了企业的资金压力，达到了融资的目的。

2. 筹资成本相对低廉

传统的融资方式如股权、债权融资，在融资主体、方式等方面有限制，同时需要支付较高的发行费用，而向银行等金融机构贷款，通常主体范围也有较严格的限制，而且要求提供抵押或按比例进行强制性存款，达不到100%的融资效果。同时，在筹到资金以后，还需要企业自己去联系供应商进行采购，由于企业缺乏有效、全面的信息，进行的又往往是非连续性买卖，所以采购成本相对偏高。

综合以上因素，导致最终的筹资成本相对偏高。而融资租赁集融资与融物为一体，直接达到融物的效果，省去了中间一些流转环节，同时由于租赁公司具有专业特长及经验，与供应商有着长期、良好的合作关系，能以较优惠的价格取得资产，最终使其筹资成本相对低廉。

3. 还租形式灵活

融资租赁是通过签订租赁合同的形式确定下来的，合同中各自的权利、义务是通过双方在平等、自愿、公平的原则基础上协商签订的。在不违背以上原则的前提下，双方可以根据具体的环境、条件及未来预计的经营状况，灵活地确定合同条款，诸如租赁期限、还租次数、每次付租金额、还租方式等。这样，通过合同可以把企业的还租负担与企业的经营状

况联系起来，合理地均衡负担，实现企业最佳的经营效益。

4. 具有税收筹划的空间

与购买相比，融资租赁的税收筹划空间主要在于所得税方面。融资租赁标准影响到租赁资产折旧期间的确定，根据租赁准则的规定，在符合融资租赁的一定标准条件下，企业可以选择租赁资产使用期限或租赁期限作为折旧期间。因此，在不同的租赁协议下租赁资产折旧期间的确定是不相同的。而折旧期间的长短，可以影响每期折旧额的大小，从而影响每期费用的大小，进而影响每期利润的大小，最后影响到所得税的金额。

另外，每期支付租金的大小，也会影响到每期利润的大小。按现行有关会计准则的规定，融资租赁的资产按最低租赁付款额，主要由每期支付的租金构成的现值与租赁资产账面价值孰低的原则入账，而长期负债则按最低租赁付款额入账，两者的差额先计入“未确认融资费用”，尔后按租赁期分期摊销计入各期损益。这样通过调节每期支付的租金大小，可影响资产和负债的入账价值，进而影响未确认融资费用，随后影响租赁期各期的损益，最终达到影响各期利润及所得税的目的。

因此，企业在签订租赁合同时，可以根据企业的需要，在合法合规的前提下，灵活把握、合理确定合同的条款，进而达到筹划所得税的目的。

5. 加速资金流动，减少资产沉淀风险

资金只有在流动中才能增值，固定资产只有通过使用而不是拥有才能创造利润。以融资租赁方式取得固定资产不像购买那样一次性将资金沉淀下来，而是通过分期支付租金及通过对固定资产计提折旧方式使资金处在不断循环流动当中，加速了资金的流动。同时，由于融资租赁方式只取得资产的使用权，没有所有权，租赁期满，承租方可以根据租赁合同的约定选择返还、留购和续租。企业可以根据自己的需要选择租赁期的长短。因此，在正常使用情况下，因设备损耗所带来的损失由出租方承担，同时承租方也可以避免像购买那样在不需要的情况下处置资产所带来的损失。在科学技术发展迅速、产品更新换代加快的今天，这点对承租方而言无疑是重要的。

上述几点只是融资租赁方式与普通购买相比所显示出的优势。而融资租赁与分期付款购买相比，两者则显示出一定的共性。如都是以少量现金支付或不付取得所需资产，以后分期偿付可以达到融资及保持合理现金流的目的等。当然两者也有着本质的区别，即融资租赁方式下承租方只拥有使用权，而分期付款购买时购买方拥有所有权。这样，与分期付款购买相比，融资租赁仍显示出在税收筹划、减少资产沉淀风险等方面的优势。

企业经营租赁与融资租赁的比较

经营租赁和融资租赁都属于租赁范畴，经营租赁是指除融资租赁以外的其他租赁。两者在很多方面存在着本质性区别。下面从二者的概念和特点、区别及会计处理方法等几个方面进行分析比较。

1. 经营租赁和融资租赁的概念和特点

经营租赁，又称为业务租赁，是为了满足经营使用上的临时或季节性需要而发生的资产租赁。经营租赁是一种短期租赁形式，它是指出租人不仅要向承租人提供设备的使用权，还要向承租人提供设备的保养、保险、维修和其他专门性技术服务的一种租赁形式（融资租赁不需要提高这个服务）。

经营租赁的主要特点如下所述：

（1）出租的设备一般由租赁公司根据市场需要选定，然后再寻找承租企业。

（2）租赁期较短，短于资产的有效使用期，在合理的限制条件内承租企业可以中途解约。

（3）租赁设备的维修、保养由租赁公司负责。

（4）租赁期满或合同中止以后，出租资产由租赁公司收回。经营租赁比较适用于租用技术过时较快的生产设备。

融资租赁，又称设备租赁或现代租赁，是指实质上转移与资产所有权有关的全部或绝大部分风险和报酬的租赁。

融资租赁的主要特点如下所述：

（1）出租的设备由承租企业提出要求购买，或者由承租企业直接从制造商或销售商那里选定。

（2）租赁期较长，接近于资产的有效使用期，在租赁期间双方无权取消合同。

（3）由承租企业负责设备的维修、保养。

（4）租赁期满，按事先约定的方法处理设备，包括退还租赁公司，或继续租赁，或企业留购。通常采用企业留购办法，即以很少的“名义价格”（相当于设备残值）买下设备。

2. 经营租赁与融资租赁的区别

经营租赁和融资租赁两者在很多方面存在着本质性区别（见表8－2）。

表8－2　　经营租赁和融资租赁的区别

区别	内容
作用不同	由于租赁公司能提供现成融资租赁资产，这样使企业能在极短的时间，用少量的资金取得并安装投入使用，并能很快发挥作用，产生效益，因此，融资租赁行为能使企业缩短项目的建设期限，有效规避市场风险，同时，避免企业因资金不足而放过稍纵即逝的市场机会。工艺水平高、升级换代快的设备更适合经营租赁

续 表

区别	内容
判断方法不同	融资租赁资产是属于专业租赁公司购买，然后租赁给需要使用的企业，同时，该租赁资产行为的识别标准，一是租赁期占租赁开始日该项资产尚可使用年限的75%以上；二是支付给租赁公司的最低租赁付款额现值等于或大于租赁开始日该项资产账面价值的90%及以上；三是承租人对租赁资产有优先购买权，并在行使优先购买权时所支付购买金额低于优先购买权日该项租赁资产公允价值的5%；四是承租人有继续租赁该项资产的权利，其支付的租赁费低于租赁期满日该项租赁资产正常租赁费的70%。总而言之，融资租赁其实质就是转移了与资产所有权有关的全部风险和报酬，某种意义来说对于确定要行使优先购买权的承租企业，融资租赁实质上就是分期付款购置固定资产的一种变通方式，但要比直接购买高得多。而经营租赁则不同，仅仅转移了该项资产的使用权，而对该项资产所有权有关的风险和报酬却没有转移，仍然属于出租方，承租企业只按合同规定支付相关费用，承租期满的经营租赁资产由承租企业归还出租方
租赁程序不同	经营租赁出租的设备由租赁公司根据市场需要选定，然后再寻找承租企业，而融资租赁出租的设备由承租企业提出要求购买或由承租企业直接从制造商或销售商那里选定
租赁期限不同	经营租赁期较短，短于资产有效使用期，而融资租赁的租赁期较长，接近于资产的有效使用期
设备维修、保养的责任方不同	经营租赁由租赁公司负责，而融资租赁有承租方负责
租赁期满后设备处置方法不同	经营租赁期满后，承租资产由租赁公司收回，而融资租赁期满后，企业可以很少的“名义货价”（相当于设备残值的市场售价）留购
租赁的实质不同	经营租赁实质上并没有转移与资产所有权有关的全部风险和报酬，而融资租赁的实质是将与资产所有权有关的全部风险和报酬转移给了承租人

3. 会计处理方法上的比较

虽然经营租赁和融资租赁同属租赁，但由于两者在会计处理方法和信息的反映上完全不同，导致对企业的经营状况和财务成果产生不同的影响（见表8－3）。

表8－3　经营租赁和融资租赁在会计处理方法上的比较

特点	影响
经营租赁的会计处理方法相对简单	以融资租赁方式租入的资产，承租方虽没有所有权，但由于租赁期较长，一般占资产尚可使用年限的75%以上，且一般为一次性租赁，在会计上认为承租方对其拥有控制权。因此，融资租入的资产在会计处理方法上应比照自有固定资产入账，在账面确认为资产，同时应按最低租赁付款额确认为负债。在整个租赁期间应对入账资产计提折旧并核算每期偿付的租金，同时租赁期间发生的一些费用如维修费等也应由承租方承担并入账处理。另外，在整个会计处理过程还应考虑货币时间价值，再加上融资租赁业务本身的多样性、复杂性，使得整个会计处理过程难度较大。相比之下，经营租赁业务的会计处理就简单得多。以经营租赁方式租入的资产，承租方对其既无所有权，也无控制权，无须将其作为资产入账，只需核算每期的租金即可
经营租赁能改善财务信息	企业对外提供的财务报表是外部相关利益人了解企业财务信息的重要渠道。在合法、保质的前提下，能够更多地提供企业正面的财务信息是每个企业梦寐以求的，而经营租赁能为企业的财务报表“添光彩”。因为采用经营租赁方式租入资产，账面无须反映租赁资产，因此企业既可以取得所需资产，又可以减少固定资产占总资产的比例，从而增加了企业资产的流动性。同时也可以提高企业的资产报酬率，增强企业的融资能力并达到筹资的效果。另外，账面也不需要反映以后各期应支付的租金，减少了账面的负债，降低了企业的负债比例，从而为企业进一步融资扫除了一个障碍，如企业采用负债融资，会受到负债比例的限制

企业运用租赁应注意的两个问题

现代租赁为企业开辟了一条获取机器设备的新途径。其主要理念源于“只有通过资产的使用——而不是拥有资产，才能形成利润”。现实中，企业运用租赁应注意两个方面的问题：把好合同关；结合租赁业的现状，理智、谨慎地选择租赁。

1. 把好合同关

租赁合同在整个租赁业务的处理过程中起着至关重要的作用，如何确定租赁合同的条款，是问题的关键所在。“凡事预则立”，在签订具体的合同之前，相关人员应了解、熟悉相关的法律法规，做到心中有数。

就签订租赁合同，我们认为相关人员至少应熟悉以下两个法律法规（见表8－4）。

表8－4　　签订租赁合同应熟悉的法律法规

法律法规	内容
《企业会计准则——租赁》	在这个准则中，就划分融资租赁和经营租赁规定了具体的标准，熟悉和理解这些标准是确定合同条款，从而决定租赁方式的重要前提条件，同时，该准则还对两种租赁方式的会计处理方法进行了规定，了解这些会计处理方法，使参与签订合同的人能更好地从财务角度理解对租赁方式的选择
《合同法》	合同法总则是参与签订合同的人必须熟悉的法律，同时就签订租赁合同而言，还应掌握合同法分则《租赁合同》和《融资租赁合同》，熟悉分则中有关双方权利和义务的规定，把握其中的有关精神，为签订合同做好准备

熟悉以上两个法律法规并结合企业的实际情况和需要，双方就可以开始协商并拟定合同条款了。

2. 结合租赁业的现状，理智、谨慎地选择租赁

租赁是一种信用消费，租赁业的发展需要信用环境的支持。由于目前我国的信用水平普遍不高，在一定程度上阻碍了租赁业的发展，这就需要建立健全相关的法律法规制度，提高信用水平，为租赁业的发展扫清障

碍。而在当前情况下，为降低租赁的风险，企业在采用租赁方式融资时，应尽可能选择信用好、制度健全、管理规范、规模较大的租赁公司。同时承租方可以结合实际与出租方协商选择多种信用方式相结合，以降低出租方的综合信用风险水平，从而促进租赁业更快速地发展，使承租方有更大的选择余地。

另外有必要说明的是，融资租赁的具体形式较多，除前面提到的普通直接融资租赁外，还有售后租回、转租赁、杠杆租赁等形式，其中售后租回这一形式在实践中运用较普遍。每种形式各具特色，企业可以根据自身的情况及需要，合理进行选择。

对承租人将租赁物转租的法律解读

徐某系A市某矿厂职工，分得公房一套，并于1993年办理了住房证，取得了该房屋的居住权。2004年，徐某退休，便回到市区生活，该房屋就一直空闲着。

与徐某同在一个单位的任某因没有住房长期在外租房，得知徐某闲有空房一套就找到徐某，请求徐某将此房低价租给自己。徐某经过考虑，认为房屋闲着也是闲着，加之任某又是自己的同事，就把房子低价租给了任某，并且以房屋租赁的意思与任某签订了房屋转让协议，约定由任某每月向徐某支付200元的租房费用。2015年8月，徐某回到原单位办事，无意间发现自己的房子换了租客，一问才知道，此时的租客李某于2012年以3.9万元的价格从任某手里买下了这套房子。徐某对此极为恼火，便拿着住房证和协议找任某和李某。可任、李二人并没有还房子的意思，任某一直坚称房子是自己买下的，卖给李某属于正常。无奈之下，徐某将任某和李某诉至A市法院，请求法院解除协议。

A 市法院审理后认为，本案中，原告徐某与被告任某签订的协议虽然名称是房屋转让协议，但根据双方在协议中约定的内容可以看出，该协议实质上是房屋租赁协议，原告转让的是房屋的使用权，并未对房屋产权人的产权造成任何侵害。且原告徐某与被告任某签订的协议中没有约定被告任某可以对外转让或出租交由他人居住。被告任某未经原告徐某同意将房屋卖给李某居住使用的行为，对双方的协议已构成根本违约。依据《合同法》第九十四条、第九十七条，《民事诉讼法》第一百四十四、第一百五十二条之规定，法院遂做出判决：判决解除原告徐某与被告任某签订的房屋转让协议，被告任某、李某将房屋返还给徐某。

转租是指承租人将租赁物转让给第三人使用，承租人与第三人形成新的租赁关系，但承租人与出租人的租赁关系仍然存在的一种交易形式。现实中，这种交易形式有性质发生变化的可能，有的是承租人将租赁物转租，还有的是承租人将租赁物转卖，比如上面案例中的任某将徐某租给他的房屋转卖。事实上，不仅个人，企业中也有这种情况发生。针对这些情况，需依据相关法律法规进行租赁才是。

1. 国际上对承租人将租赁物转租的权利规定

承租人是否有对租赁物转租的权利，各国规定不尽一致，大致有以下 3 种类型：

（1）未经出租人同意不得将租赁物转租给第三人。如日本民法规定，租用人未经出租人同意，不得将其权利出让或将其租用物转租。采取这种规定的理由是，租赁物的所有权不属于承租人，承租人无权处分租赁物，如果他要处分须经有处分权的人同意，这是交易的最基本的条件，也是为了保护交易安全。因为无处分权的民事行为是一种效力待定的行为，它的效力是不稳定的，一旦有处分权人予以否认，该处分行为是无效的，因此，允许承租人随意转租，不利于保护出租人的利益，也不利于保护第三人的利益。

（2）承租人能否转租，有动产租赁和不动产租赁的区分。动产租赁的转租须经出租人同意，不动产租赁则另有规定。如意大利民法规定，除有相反的约定，承租人有将租赁物让渡他人的转租权，但是未经出租人同意不得转卖契约。涉及动产时，转租应当由出租人授权或者与惯例相符。我国台湾地区“民法”规定，承租人非经出租人承诺不得将租赁物转租于他人，但租赁物为房屋者，除有反对之约定外，承租人得将其中一部分转租于他人。采用这一规定的理由是，动产租赁中的转让须经出租人同意是因为动产有流动性，一旦转移于他人之处，出租人无法对其了解和控制。而不动产租赁中，不动产是不能移动的，能够在出租人的视线范围内，出租人可以根据次承租人对租赁物使用的状况进行监督，所以可以不经出租人同意。

（3）除了当事人有不准转租的明确约定以外，承租人都可以转租。如法国民法规定，承租人有转租或以租赁权让与他人的权利，但租赁契约有禁止的约定者，不在此限。采用这种规定的理由是，租赁合同并不以转移标的物所有权为内容，也并不以出租人对租赁物有所有权为必要。所以承租人可以将租赁物转租他人，除非当事人事先约定不准转租。

我国《合同法》采用的是第一种类型，这是因为在我国的租赁合同关系中，特别是房屋租赁，有些人利用这种形式将租来的房屋层层租赁，使租赁房屋的租金过高，以获取暴利，侵害了房屋所有人的利益，为了规范这类行为，规定承租人将租赁物转租他人的必须经出租人同意。

2. 我国《合同法》对两种转租情况的规定

转租包括经出租人同意和未经出租人同意两种情况（见表8-5）。

表 8－5　　　　转租的两种情况

转租情况	内容
经出租人同意的转租	经出租人同意的转租包括两种情形：一是在租赁合同订立时明确约定承租人有权出租租赁物；二是在租赁期间承租人征得出租人同意将租赁物转租。对于事前未经出租人同意，事后出租人知道后并不反对或予以承认的，按照《合同法》第五十一条的规定，也可以视为经出租人同意的转租。经出租人同意的转租是有效的，但由于在同一租赁物上出现了三个当事人、两个合同关系，即出租人、承租人、第三人也可称为次承租人，这三人之间的法律关系必须明确。按照本条的规定经过转租的租赁合同关系当事人的关系应为：第一，出租人与承租人之间的关系不因转租而受影响，继续有效，承租人仍然应向出租人承担支付租金、在租赁期间届满时返还租赁物的义务，因此承租人的行为造成租赁物损失的，承租人仍然要对出租人负责；第二，虽然次承租人与出租人之间没有合同关系，次承租人可以直接向出租人支付租金；第三，在租赁合同终止或者被解除时，承租人与次承租人之间的租赁关系也随之终止，因为这个次承租合同的订立是以前一个租赁合同为基础的
未经出租人同意的转租	本条规定，未经出租人同意转租的，出租人可以解除合同。因为承租人未经出租人同意擅自将租赁物转租他人，直接破坏了出租人对承租人的信任，也直接损害了出租人对租赁物的所有权或处分权，同时造成多层次的对租赁物的占有关系，增加了出租人要求返还租赁物的困难或使出租物的毁损程度加重，所以出租人有权解除合同

签订企业租赁经营合同的注意事项

企业租赁经营是在不改变企业的所有制性质的前提下，实行所有权与经营权的分离，由有权代表国家行使企业出租权的出租方或企业的主管机关作为出租方，将企业出租给承租方并收取租金，承租方享有企业经营管理权。在签订企业租赁经营合同时，诸如签订的程序、合同的形式和条款、合同的担保、租金的计算等问题是需要注意到的。下面我们一一说明。

1. 关于签订租赁经营合同的程序

订立企业租赁经营合同，必须经过制定租赁方案、招标投标、签订租赁经营合同3个程序。

租赁方案是对租赁过程中主要事项的安排，包括租赁方式、租赁预算、确定租金等。招标投标包括招、投标单位、实施时间、报价策略等。合同的正确签订与监督管理是企业租赁经营的中心环节，因此在签订合同时，应严格遵守“必须保证企业所有制性质不变”等一系列原则。

2. 关于合同的形式和条款

企业租赁经营合同必须以书面方式签订。合同必须具备下列主要条款：

（1）合同的标的、期限。

（2）租赁期内经营总目标和年度经营目标。

（3）租金数额及计算方法。

（4）承租方的收益及企业各项基金的分配比例。

（5）企业租赁前债权、债务及遗留亏损的处理。

（6）合同当事人的权利和义务。

（7）违约责任及租赁期满后资产的返还和验收。

3. 关于合同的担保

合同的担保有不同情况，要注意依规操作：

（1）个人承租的，必须出具与租赁企业资产成一定比例的个人财产（其中应当有一定比例的现金）作为担保，并应有两名以上的保证人。

（2）合伙租赁、全员租赁的承租成员，必须出具与租赁企业资产成一定比例的个人财产作为担保。其中应当有一定比例的现金，现金必须专款存入银行。

（3）企业承租的，必须出具与租赁企业资产成一定比例的留用资金作为担保。存入银行后，除征得出租方同意，可作为流动资金参加周转外，不得挪作他用。

4. 关于租金的计算

如何确定和计算租金，实践中有以下几种做法：

（1）将租金分为纳税租金和不纳税租金。前者以租赁当年的资产租金率为基数，每年递增，乘以当年初实有资产，得出租金数；后者即按规定从成本中提取的折旧基金及大修基金。

（2）基数递增租金。由租赁双方商定各年度的基数利润和基数租金，在此基础上，按计租年度企业的实际利润基数利润的比例适度上浮，计算出实际租金。

（3）固定租金制。也就是说，租金数额不因利润增减而变动。

上述几种方法各有利弊，应依具体情况灵活选用，兼顾各方利益。

5. 关于承租方的收入

承租收入从广义上讲包括租金、承租方收入及风险保证金。

除个人承租外，承租经营者的收入，原则上不超过企业职工平均工资和资金的 5 倍，其他承租成员的收入应当低于承租经营者的收入。

在交付租金和实际支付给承租成员应得收入后，承租收入仍有余额的，应当作为企业的风险保证金留存。

6. 关于承租前债务的处理

债务处理的原则与企业承包前的债权、债务的处理是相同的。因此当事人在签订合同时应将其考虑在内。

如果清产核资时对债务、债权疏漏，应当由承租方以企业的名义受偿或清偿，然后在租金收入中加上受偿的债权份额或从租金中减去清偿的债务数额。

7. 关于租赁期间新增资产的归属

在企业租赁经营的过程中，企业的新增资产的归属具体有下列 5 种情况：

（1）在租赁期间，出租方为帮助承租方而投入的资产，属全民或集体所有。

（2）个人租赁时，承租方用个人财产投资形成的资产，属该投资者所有。

（3）合伙租赁时，承租方投资形成的资产，归承租成员共有。

（4）全员租赁时，承租方用其收入新增资产，属全体职工所有。

（5）企业承租企业时，承租方用其收入新增资产属承租企业（集体企业）或经营管理（全民企业）所有。

8. 关于企业租赁经营合同争议的处理

首先应协商解决。协商不成的，可向工商行政管理机关申请调解或者仲裁。租赁经营合同任何一方都可以根据租赁经营合同规定直接向人民法院起诉。

第九章　将有五危，兵有六败
——资本运营误区

《孙子兵法》中说“将有五危”，即“必死”“必生”“忿速”“廉洁”“爱民”5种危险，这是将帅的过错，也是用兵的灾害。其中还说“兵有六败”，即“走”“驰”“陷”“崩”“乱”“北”6种失败的原因，这是由将帅自身的过错导致的。“五危”“六败”是孙子针对军队中存在的弊端而言的，旨在警示为将者，力求避之。由于人们长期形成的经营思维和企业运作方式与规范化的资本运营还存在较大的差距，加上资本运营所需的制度环境和条件尚不充分，资本运营在企业实践中存在着诸多误区。因此，企业必须正确认识资本运营并正确操作，才能真正收到效果。

重视有形财产，轻视无形资产

在我国，人们对知识产权这一无形资产和无形财产的价值重视不够，“重视有形财产，轻视无形资产”的观念还较严重。总体上看，我国企业知识产权资本运营情况不够理想，知识产权资本运营市场需要大力挖掘。

重视有形财产，轻视无形资产的表现主要体现在两个方面：一是企业对知识产权价值的认识不够，“知识产权战略管理大多停留在保护层面而没有进入资本化运作”。甚至不少企业对获取知识产权的意义本身存在模糊认识。例如，据前几年有关部门对我国的一些企业所做的“关于是否需要专利”的抽样调查，结果认为不需要国内专利的占 63.2%，不需要国外专利的占 71.1%。这一调查说明，企业对专利在其生产、经营管理中的重要作用没有得到充分认识。对知识产权价值意识特别是知识产权经营意识的缺失，势必会影响企业知识产权资本运营的动力和效果。二是国内进行知识产权资本运营的环境还不够完善，这不仅体现在企业知识产权质押融资，而且体现在企业知识产权证券化、投资或信托方面。环境的优化不仅体现于法律制度层面，而且体现于知识产权资本市场发育和人们的知识产权资产和价值意识方面。这一社会观念必然影响到企业知识产权资本运营的实施。例如，上海曾经有一个拥有驰名商标的著名企业，以其评估价值达数亿元的品牌申请银行质押贷款，却没有贷款到一分钱，就比较典型。为此，需要采取对策加以克服。

企业知识产权资本运营是企业知识产权运营的重要内容之一，它对盘活企业无形资产、提高企业竞争力具有十分重要的作用。企业知识产权资本运营具有内在的体系，涉及下面将专门探讨的知识产权质押融资、知识产权证券化两个方面的内容。这些运营形式都需要具备一定的条件，同时其运营策略也有一定的互动关系。

1. 企业知识产权质押融资

就企业知识产权质押融资而言，它是企业通过质押形式获取资金的法律形式，被质押的知识产权仍然属于进行质押的企业，可以依法利用。企业知识产权证券化则是以证券化形式获取资金的手段，被证券化的知识产权同样可以以一定的方式被利用。知识产权作为与有形资产并行的资产被投资入股后，接受投资的企业则可以将其进行融资质押，也可以以一定形式进行证券化运作。

至于企业知识产权信托这种知识产权资本运营的新形式，也可以在信托基础上，为充分实现企业知识产权价值，再以知识产权质押融资或证券化形式实现知识产权的价值变现。可见，企业知识产权资本运营策略的实施并不是孤立的，它可以在一定的情况下协同运作，以最大限度地提高企业知识产权的经济效益。

2. 企业知识产权证券化

企业可以通过知识产权证券化等形式实施知识产权的资本运营。与知识产权质押融资一样，知识产权证券化是企业利用知识产权筹措资金，解决技术创新过程中资金短缺问题，加快企业创新成果的转化和应用，提高企业自主创新能力的重要金融手段。知识产权证券化也是充分发挥知识产权杠杆融资作用的重要机制，因为它可以在不丧失知识产权所有权的前提下较快实现企业知识产权的价值。同时，它还是企业分散技术创新风险，降低技术创新成本的重要机制，因为知识产权证券化使作为知识产权人的企业应承担的风险让位于购买证券的投资者，而其知识产权未来的许可使用费得以提前实现。对于中小企业特别是科技型中小企业而言，知识产权证券化具有更现实的意义，这尤其体现于科技型中小企业虽然可能拥有具有竞争力的知识产权，但往往缺乏资金，知识产权证券化则可以解决这类企业的燃眉之急，为其知识产权转化为现实的生产力提供资金保障。

总之，企业知识资本增值在企业内部体现为企业创新能力增强，在企业外部体现为公众（或投资商）对企业的未来认同感增强。知识资本的所有者是企业员工。企业通过人力资本运营，可以有效增强对技术的开发、创新能力，提高管理和生产经营能力，以抢占市场竞争的制高点。如果企业内部缺乏一系列互补的技能和知识的结合，则在为顾客提供价值过程中，丧失长期领先于其他竞争对手的能力，即核心竞争力，企业将不可持续发展。

追赶“时髦”，忽视“质量”

尽管以企业并购为主要内容的资本运营在一定程度上是通过把资产这一“蛋糕”做大来实现规模效益，达到赢利最大化和资本增值最大化目标。但它必须以正确把握资本运营的“度”，在保证资本运营“质量”前提下进行。一个企业在资本运营中，只有在不断扩大自身的资本积累，在考虑自己偿债能力和资本效益前提下，方能通过企业并购，借助他人的资本来提高经营能力。但在资本运营实践中，追赶资本运营“时髦”，忽视资本运营“质量”的现象较为普遍。

1. 追赶“时髦”，忽视“质量”的表现

在当前，企业在资本运营过程中，追赶“时髦”，忽视“质量”体现在许多方面。下面简述几类现象。

一些企业把资本运营作为一种改革的时髦，只重形式、忽略实质，务

虚不务实，忽视资本运营实质的追求，把企业是否进行资本运营当作衡量企业经营者政绩、魄力和企业发展好坏的标准。有些中小企业认为自己经营效益好，应该很容易取得融资，不知道资金方看重的不止是企业短期的利润，企业的长期发展前景及企业面临的风险是资金方更为重视的方面。

一些经营状况不佳，本身不够上市条件的企业，却通过资本运营，把企业包装成一个看似效益较好的企业，为了融资，不惜一切代价粉饰财务报表，甚至造假，财务数据脱离了企业的基本经营状况，虚假包装上市，一上市就亏损，最终被淘汰出局。这种只重形式不重内容的资本运营，其目的无非是为了“圈钱”。显然，这些做法不符合资本运营“集约经营”的内在本质，相反，却是在资本运营条件下出现的新的粗放式经营。

在把握资本运营质量方面也存在问题。企业在资本运营和并购过程中，普遍热衷于建立巨型企业，而对整合中小企业，组成企业团队缺乏兴趣。有的企业忽视资本效益原则，片面追求资产规模的扩大，不注重企业内部的产业关联，盲目并购其他企业，结果企业的资本运营不但不能实现预期目标，相反却使企业步入困境。这一问题在上市公司比较突出。比如，有的上市公司，经营困难重重的根本原因在于在实施跨行业的资产重组中没有能够集中在公司的核心业务上，结果不仅非主营业务难以有所作为，而且主营业务也不突出，没有形成竞争力。相反，那些资本运营获得成功的企业，如一汽集团、海尔等，成功的秘诀就在于正确的处理主营业务发展与多元化经营的关系，围绕主营业务进行企业并购。

2. 解决思路

资本运营是把“双刃剑”，若企业的资本运营能够充分注重主营业务的发展，充分注重企业内部产业的关联，通过并购获得的资产就能为企业带来跳跃性发展的机遇；相反，不但无法从聚集的资本中得到发展的动力，还可能使本来充满活力的企业走向衰退。

企业在并购组建大型企业的同时，不能忽视中小企业的发展。通过并购等多种方式，按分工协作原则，把中小企业纳入以大企业为核心的社会化生产体系，改变中小企业缺乏分工协作、产品结构趋同的状况，以此来支撑大企业的规模经济，是我国企业并购中的重要课题。

将资产规模等同于规模经济

规模经济的形成以资产增加（即投入增加）为前提。企业增加资产的途径主要有两种：一是资金投入的增加，二是企业间的并购、资产重组等。从这个意义上说，企业并购、资产重组是实现规模经济的重要机制。但是，资产规模的扩大并不会自然地形成规模经济，企业并购、资产重组也并非都有利于构造规模经济格局。扩大规模后的财务成本、投资成本、市场变化这些因素对规模经济能否形成，起极为重要的制约作用。相反，企业处于动态环境中经营，应不断调整资本结构、优化资产结构，剥离一些不善于经营管理的资产，避免资源浪费或者低效运行，有所为有所不为。

1. 概念混淆的表现

经济规模的扩大可能是规模经济，也可能不是规模经济。企业在并购和资本运营中常常混淆两者的关系。具体表现在以下几个方面：

（1）认为把若干个独立的企业联合在一起，就可能形成规模经济。由此，在企业并购中，一些地方为追逐所谓“集团规模效应”，出现了一些不尊重客观经济规律的现象和行为，提出了一些脱离实际的目标和口号。

（2）把企业集团规模的扩大等同于规模经济。事实上，集团规模的扩大可能是经济的，也可能是非经济的，关键要看集团有没有充分利用各种要素，看能否提高集团的专业水平和技术水平。

（3）把规模经济简单地推而广之。有些地方，不分行业、不分产业、不分领域，千篇一律地要求搞大集团或规模经济，热衷于构建“航空母舰”，而忽视并购组成企业团队的意义，把企业、集团的发展引向歧途。事实上，有些行业适宜搞大集团或规模经济，而有一些行业并不适宜搞大集团或规模经济。

另外，部分企业把资本运营目标单纯地定位在追求企业规模上。他们不考虑产业的关联性、互补性，以及未来的市场潜力和资源的供应情况，不加选择地联合、兼并了一些企业，组建了一些跨地区、跨行业的企业集团。更严重的是，有些企业集团，实际上搞的只是有名无实的联合、兼并，而企业的组织结构和形式根本没有调整，资产、技术、产品没有进行合理的重组、调配和更新。

认为只有大企业、大集团才会取得规模经济，中小企业不会取得规模经济。这种认识也带有一定的片面性。规模经济虽然更多表现在大企业、大集团身上，但却不是大企业、大集团所独有的。企业小不一定效率低，也不一定规模经济效益差。

2. 厘清概念，走出误区

资产规模是指企业、自然人、国家拥有或者控制的现有的总资产额或者固定资产额，随着企业的发展，企业的资产规模会有所增加。有时候也会指并非本企业的资产，而是本企业可以控制的资产总额。比如基金公司的资产规模，主要是指其受托管理的他人资产总额。

固定资产的价值构成是指固定资产价值所包括的范围。从理论上讲，它应包括企业为购建某项固定资产达到可使用状态前所发生的一切合理的、必要的支出，这些支出既有直接发生的，如购置固定资产的价款、运费、包装费和安装成本等；也有间接发生的，如应分摊的借款利息、外币借款折合差额以及应分摊的其他间接费用等。在确认固定资产的价值构成过程中最应该注意的原则是，根据不同的固定资产来源渠道，确定其不同的价值构成。

规模经济，是指由于生产专业化水平的提高等原因，使企业的单位成本下降，从而形成企业的长期平均成本随着产量的增加而递减的经济。规模经济一般界定为初始阶段，厂商由于扩大生产规模而使经济效益得到提高，这叫规模经济；而当生产扩张到一定规模以后，厂商继续扩大生产规模，会导致经济效益下降，这叫规模不经济。

从上述概念可以看出，资产规模只是规模经济中的一部分。在资本运营过程中，将资产规模等同于规模经济，显然是错误的。

从现代理财学观点看，考察企业的规模经济主要可以从这样几方面着手：一是科学的生产纲领的测算；二是低廉的管理成本；三是对技术创新的限制程度，或者说技术创新潜力的大小。如果组建的大企业集团对技术进步和产业创新失去兴趣，凭借市场壁垒，依靠垄断定价获取利润，这就意味着丧失规模经济的效能。在当今的信息时代，规模对企业资本运营的成功并不起决定作用，大企业并不一定具有规模经济。

资本运营就是“低成本扩张”

不少企业认为资本运营是快速地实现“低成本扩张”的一种战略形式，即企业以尽可能低的投入来取得资产数量的最大化，实现资产的快速扩张。甚至有些企业认为资本运营完全可以通过高智力的策划来实现资产的调整以达到低成本扩张的目的。这种观点是不全面的，甚至是同资本运营的内在要求相抵触的。只看到企业在资产交易环节所付出的代价来计算成本，不考虑资本运动的全过程的成本，那是同市场交易规则相违背的。严格地讲，资本运营的成本应当包括资产交易完成之后，对这些资产进行盘活、增值过程中所支付的全部代价。如果在进行资本运营时不进行全方位的策划和计算，资本运作不仅达不到“低成本扩张”的目的，反而会使运作企业陷入不良资产的泥潭。

对有志于进行资本运作的企业而言，关键点是要看自己企业所拥有的各种资源优势能否发挥作用。为此，要明确以下4点。

1. 低成本扩张不是无成本扩张

有人用零兼并的方式，兼并了较大规模的企业。之所以能零兼并，是因为该企业的所有者权益-负债≤零，但总资产可能有几千万元。兼并企业的目的是为了卖出去，即用比较低的价钱甚至不花钱把企业买下来，做一下必要的业务重组和形象包装，然后再加价卖出去。一是上市卖给股民，二是卖给其他企业。企业无以为继才出卖；有希望的企业才能上市，才会有人买。要卖出去就要增加投入。也就是说，要盘活资产存量，必须具有足够的资金增量。有了劳动手段和劳动者而缺乏劳动对象，巧妇难为无米之炊，产品还是生产不出来，既上不了市，也没人买，达不到兼并企业的目的。

所以，以增量盘活存量，才能使死存量变活。这里，扩张的成本不仅包括买企业的成本，而且包括救活企业、包装企业、发展企业的成本。如果认为低成本扩张是个大便宜，误认为无成本也能扩张，那只能是扩进来一个沉重的包袱。成功的扩张，使困难企业“起死回生”，优势企业“如虎添翼”，但盲目扩张，使困难企业“雪上加霜”，优势企业“折臂断骨”。政府应考察扩张的资格和动机，严格把关，避免“一卖了之”。

2. 低成本扩张应该有有效投入

要盘活存量，除了增加资金投入外，还要增加人才、技术、管理的投入。扩张后涉及新领域的技术人才、经营人才、特别是管理人才，必须与之配套，量变达到质变，投入才能有效。

小天鹅兼并某洗衣机厂，除了投入几千万元的流动资金（货币资金）、流动资产（洗衣机全自动电脑、零配件等），还投入了商标和人才、技术、管理、营销网络，使原有企业设备生产能力全部发挥出来，用于扩张投入的效益巨大。

相比之下，有些企业管理水平较低，人才缺乏，又无技术专长，加上自身流动资金就很紧张，兼并企业后，只能投入少量资金，杯水车薪，投资效益难以发挥。

3. 低成本扩张不应影响原有企业的发展

由于资源分散失去了在原有产业领域的发展和赚大钱的机会，兼并了企业，上不了市也卖不出去，不仅赔掉了买企业的钱，连自己原有的好企业也赔进去了。

某企业当年曾是中国企业界的优秀代表，由于扩张的步子太快，短时间内，其下属控股公司就多达44个，分布在5个城市（其中国外一个），涉及了房地产、生物制药、建材、商贸、进出口、酒店服务等10个行业。虽然筹资能力增强，其利息和管理费用也大增，引发出越来越多的问题。自1994年以来，该公司业绩逐年下滑，往年的每股净收益分别为0.67元、0.19元、0.04元、0.0035元，由原来的“蓝筹股”变成了三线股。

4. 低成本扩张应走跳跃式发展的道路

低成本扩张不能无限制地扩张，应走扩张到消化到再扩张的道路，跳跃式发展。具备了一定的规模和实力后，再上一个台阶，免得消化不良。

青岛海尔集团起家时，年销售收入只有348万元，亏损却有147

万元，1997年的销售收入已达108亿元，一步一个脚印，一步一个台阶，做到了新老并进、共同发展，成为全国著名的拥有家用电器、生物制药、食品饮料、餐饮服务等综合性集团企业。

相比之下，有的企业本来自身实力就不强，老板为了满足自我价值实现的虚荣心，表面上谋求公司的快速发展，实质上并不是在为企业获得最大化利润，兼并了一个又一个企业，而增量投入跟不上，造成企业摊子大了，架子却散了。

不求存量最大，而求增量最大。即不求一时静态资产最大，而求资产及效益增长的速度和增长量最大，在企业原有基础上，提高管理水平，增加企业总体实力，逐步向其他行业扩张，无疑是企业遵循低成本扩张运动规律，谋求长远发展的正确道路。

资本运营就是“多元化经营”

众所周知，自世界经济工业化以来，企业一直是走专业化道路，体现着社会的分工与协作，但是，一段时期以来，无论是国际还是国内企业，都出现了一种多元化经营的倾向，认为企业资本运营就是“多元化经营”，可以有效降低风险，有利于企业获取稳定的利润收入。实际上，无关联性的多元化经营战略会使一个企业进入不熟悉的多个行业，这样反而大大增加了企业经营风险。

如果企业在集中经营某项业务的同时，将资金投入相关技术的产业和企业，可以获取科技发展及其他方面的信息，可望寻求新的商业机会，这种资本经营方式为“多元化投资”，比之“多元化经营”，更积极稳妥。

重庆齿轮箱有限责任公司（以下简称“重齿”）始建于1966年，隶属于中国船舶重工集团股份有限公司，是专业从事高精度、硬齿面舰船齿轮箱、联轴节、减振器、建材、水电、火电、核电和风力发电齿轮箱、偏航变桨减速箱、高精汽车发动机齿轮等产品研制的中央大型企业。作为一家三线军工企业，重齿诞生于“备战备荒为人民”的时代。20世纪70年代末，我国提出了以经济建设为中心的发展战略，国防建设的指导方针也向和平时期转变，重齿的军品任务骤减。1981年后其军品订单基本为零，企业开始连年亏损，处在了生死边缘。危急时刻，重齿管理层开始研讨对策，通过对企业本身的连年亏损的现实状况的分析和我国经济转型的大环境分析，管理层迅速做出战略调整，决定进行多元化的投资策略，不再单一生产舰船齿轮箱，而是把眼光放在了民用产品上，此时，重齿开始全力开发民用产品，并以优质的服务将产品率先打入了长江水运和沿海渔业领域，以及铁路机车市场。1983年公司扭亏为盈，之后利润逐年上升，步入了良性发展的轨道。

重齿通过多元化投资，帮助企业渡过了难关，降低了企业经营风险，扩大了企业规模。事实证明，多元化投资战略就是企业发展前进的一个优势战略，企业无论实施横向的多元化投资或者是进行纵向的多元化投资都将扩大企业规模，增强企业实力，提升企业发展的空间。

我国企业在当前形势下，想要走多元化投资战略，必须要解决好以下几方面的问题。

1. 构建核心竞争力

美国学者普拉哈拉德和英国学者哈默尔曾说过一个形象的比喻：多元化经营的公司就像一棵大树；树干和树枝是核心产品，较小的枝条是业务单位；树叶、花朵和果实是最终产品；而维系生命、稳固树身的根系就是核心竞争力。核心竞争力不仅是企业在本行业、本领域的技术和技能，而且还是企业开辟新领域、开发新产品、挖掘新的市场机会的重要手段。

2. 强化企业的管理

不规范的企业必然有许多经营漏洞，而这些漏洞都是多元化投资失败的重要原因。企业必须规范经营，建立规范的管理体制。同时，企业管理层要不断提高自身的管理能力，不可因满足个人欲望而盲目多元化，正确理解多元化对企业管理者做决策有着重大影响。

3. 有效利用资本资源

有效利用有限的资本资源，处理好资本成本与回报的关系，保持资产结构与资本结构、资产盈利性与流动性的有机协调，在资金上保证公司的健康、稳定发展。多元化经营应避免过度追求规模的扩张而忽视资本的回报，企业应权衡融资成本和投资收益的关系。为此，企业投资规模要适当，具体按企业实际情况而定。投资领域不能太分散，最好与企业的主业相关联，即采取相关多元化的战略。

4. 切忌急功近利

在适当的时机进行多元化，切忌急功近利。过早的进行多元化，只会使企业的问题更快地暴露，从而导致战略的失败。同时，要控制好多元化的进程，避免企业规模过度、过快膨胀。企业的各项资源及精力毕竟是有限的，如果企业在短期内迅速扩张，将很难顾及到各个方面，最后造成问题的积压，企业的运营必将面临巨大的压力。

重视资本运营，轻视生产经营

在企业改革中，一些企业割裂了资本运营与生产经营的内在联系，认为资本运营高于生产经营。企图通过清理不良资产甩掉包袱，解决企业亏损问题。实际上单纯地这样运作企业是没有出路的，在可卖的资产卖完后，又没有形成长久的新的利润增长点，这种资产重组只是泡沫，资本运营也失去它的意义。一般地说，生产经营是资本运营存在的基础，资本运营是生产经营扩张与发展的必要条件。资本运营与生产经营既不能割裂更不能用一个代替另一个。但目前，许多企业并不是把资本运营作为搞好生产经营的手段，而是置于生产经营之上，抓住资本运营题材，投机炒作，搞股票、债券这些风险极大的短期投资，忽视生产经营，造成生产或主营业务大额亏损。

为了避免重视资本运营，轻视生产经营的误区，就必须弄清资本运营与生产经营的区别和联系。资本运营是通过优化配置所能控制的资源进行市场交易，达到资本拥有者利益最优化和资本的增值。资本运营和生产经营都属于企业经营的范围，二者既有区别又密切联系。

1. 资本运营与生产经营的区别

资本运营与生产经营的区别体现在以下几个方面（见表9－1）。

表9－1　　资本运营与生产经营的区别

区别	说明
经营对象不同	资本运营的对象是企业的资本及其运动，侧重于企业经营过程的价值方面，经营的重点是加速资本流动周转，尽量缩短物资在企业各环节的流动时间，其最关注的是投资的使用效益和资金的循环增值，追求资本增值；而生产经营的对象则是产品及其生产销售过程，侧重于企业经营过程的使用价值方面，经营的重点是具体产品的流动周转，其最关注的是资产的使用效益和资产的循环周转，追求产品数量、品种的增多和质量的提高

续 表

区别	说明
经营领域不同	资本运营涉及的领域主要是资本的筹措、投资、周转、积累和集中，主要是在资本市场（包括证券市场、非证券的资本借贷市场和产权交易市场）上运作；而企业生产经营涉及的领域主要是产品的生产、技术、原材料的采购和产品销售，主要是在生产资料市场、技术市场和商品市场上运作
经营方式不同	资本运营要运用吸收直接投资、发行股票、发行债券、银行借款和租赁等方式合理筹集资本，盘活存量资本，加速资本周转，提高资本效益；而生产经营主要通过调查社会需求，以销定产，以产定购，技术开发，研制新产品，革新工艺、设备，创名牌产品，开辟渠道，建立销售网络等方式，增加产品品种、数量，提高产品质量以提高市场占有率和增加产品销售利润
运作风险不同	资本运营通过资本不断流动到高报酬率的产业或部门上，获得增值机会而不断增值，其经营是开放式的，在操作上尽可能利用多元化的组合投资来发展自己，靠多个产业或者多元化经营支撑企业，以减少或分散经营风险；生产经营注重的是资产增量的投入，对于资本的利用和效能发挥较忽视，其经营是封闭型的，往往依靠单一型的产品经营，只注重产品的开发和换代，企业资本运营的风险较大

2. 资本运营与生产经营的联系

资本运营与生产经营的联系体现在以下几个方面（见表9－2）。

表9－2　　资本运营与生产经营的联系

联系	说明
目的一致	企业进行资本运营的目的是追求资本的保值、增值，而企业进行生产经营，根据市场需要生产和销售商品，目的在于赚取利润，实现资本增值，因此生产经营实际上是以生产、经营商品为手段，以资本增值为目的的经营活动。二者在经营目的上是一致的

续 表

联系	说明
相互依存	企业是一个运用资本进行生产经营的单位，任何企业的生产经营都是以资本作为前提条件，如果没有资本，生产经营就无法进行；同样，如果不进行生产经营活动，资本增值的目的就无法实现。因此，资本经营要以生产经营为基础，为发展生产经营服务
相互渗透	企业进行生产经营的过程，就是资本循环周转的过程，如果企业生产经营过程中供、产、销各环节脱节，资本循环周转就会中断；如果企业的设备闲置，材料和产品存量过多，商品销售不畅，资本就会发生积压，必然使资本效率和效益下降。所以说，资本运营和生产经营是相互渗透的

虽然与资本运营有关的并购、融资、股权重组、资产重组等业务在一定条件下可以暂时脱离生产经营而单独运作，并获得一定的资本收益，但在本质上，资本运营最终必须服从于生产经营。生产经营和资本运营都是实现企业价值最大化的手段。前者侧重于产品扩张，属于内部管理型战略；后者侧重于资本扩张，属于外部交易型战略。两者相辅相成，密切配合，共同实现企业的战略决策。因此，企业应该对两者都高度重视。

缺乏专业的资本运营人才

资本运营是极为复杂的一项业务，企业必须委派具有丰富的金融、税务、证券、财务、管理、法律等相关知识的专业人才负责。负责资本运营的企业员工同时应该熟练使用各类金融工具与管理方法，还要兼具管理者的市场分析力、谈判能力以及解决各种复杂问题的能力。然而，这方面的人才却少之又少，这也是企业资本运营困难的一个重要原因。

为了破解企业专业的资本运营人才短缺瓶颈，关键是重视资本运营人才的培养和引进，可采取两项措施：一是加大企业内部资本运营人才培养力度；二是采取灵活方式引进资本运营人才。

1. 加大企业内部资本运营人才培养力度

企业应根据国家新出台的相关政策法规，围绕企业资本运营的典型案例及操作热点、难点问题，组织企业相关人员进行资本运营实务知识短期培训，交流经验，提高资本运营能力。根据企业实际，定期组织企业资本运营人员出国培训，聘请具有丰富实践经验的跨国咨询公司、会计师事务所和律师事务所专业机构人才，开展现场咨询或者举办形式多样的研讨会，提高资本运营人员参与国际并购重组的实务水平。加强与国内外大公司、知名高校的联合协作，加快培养资本运营人才，满足企业发展需要。

2. 采取灵活方式引进资本运营人才

企业应鼓励采取咨询、兼职、短期聘用、人才租赁等方式重点引进企业所需的资本运营、投资咨询等方面的高级人才。积极聘请和吸引国外专家，充分利用海外人才。加强与世界五百强企业、行业龙头企业的合作，注重发挥人才市场、猎头公司的作用，掌握信息，积极拓宽引进人才的渠道。对具有丰富实践经验、业务工作水平过硬的高层次资本运营人才，要不拘一格，大胆使用。对引进的精通专业知识、熟悉国内外市场动态、掌握国际谈判技巧的复合型高素质人才，可以实行协议薪酬。

参考文献

[1] 马瑞清. 企业融资与投资 [M]. 北京：中国金融出版社，2011.

[2] 丘创，蔡剑. 资本运营和战略财务决策 [M]. 北京：中国人民大学出版社，2011.

[3] 斯蒂芬·赫克，马特·罗杰斯，保罗·卡罗尔. 资源革命：如何抓住一百年来最大的商机 [M]. 粟志敏，译. 杭州：浙江人民出版社，2015.

[4] 天亮. 公司治理概论 [M]. 北京：中国金融出版社，2015.

[5] 吴晓求. 中国资本市场研究报告（2014）——互联网金融：理论与现实 [M]. 北京：北京大学出版社，2014.

[6] 雷霆. 企业并购重组原理、实务及疑难问题诠释 [M]. 北京：中国法制出版社，2014.

[7] 张平. 股权转让前沿理论与实务问题研究 [M]. 北京：中国法律出版社，2015.

[8] 李喆. 融资租赁公司经营：策与术 [M]. 北京：中国发展出版社，2013.

[9] 何小锋，韩广智. 资本市场理论与运作 [M]. 北京：中国发展出版社，2006.

[10] 田笑丰. 资本运营学 [M]. 北京：经济管理出版社，2011.

[11] 王开良. 资本运营技巧与风险管理 [M]. 北京：中国书籍出版

社，2013.

[12] 胡振兴. 创业资本运营风险控制 [M]. 北京：经济科学出版社，2011.

[13] 华莱士. 致富的哲学：赢家背后的成功密码 [M]. 梁亦之，译. 北京：新世界出版社，2012.

[14] 刘刚. 现代企业管理精要全书（战略管理资本运营卷） [M]. 海口：南方出版社，2004.

[15] 包兴. 基于运营能力的运作系统应急管理研究 [M]. 浙江：浙江工商大学出版社，2013.